AF561950

Guerra fría

Una guía fascinante de la guerra de Corea y la guerra de Vietnam

ÍNDICE

Primera Parte: La Guerra de Corea

Una Guía Fascinante de la Historia de la Guerra de Corea

Introducción

La narrativa de la Guerra de Corea en Occidente, y particularmente en los Estados Unidos, cuenta la historia de un conflicto entre dos superpotencias mundiales e ideologías contrapuestas en un rincón lejano del mundo.

La realidad es que las ruedas de movimiento que llevaron al país a la guerra en 1950 comenzaron a girar mucho antes de que las botas estadounidenses pisaran el suelo coreano. El corazón del conflicto fue una guerra civil entre una población dividida arbitrariamente por la colonización y la geopolítica global al final de la Segunda Guerra Mundial.

Desafiar la narrativa occidental ampliamente perpetuada y llegar al núcleo del conflicto coreano no es una tarea fácil. Desde los supuestos de que el estallido de la guerra fue un acto deliberado de agresión comunista, a la idea de que las constantes amenazas de Eisenhower y Truman de la aniquilación atómica rompieron el espíritu chino y norcoreano y llevaron a la firma del armisticio, todo debe ser diseccionado y revisado por su propio mérito fáctico para comprender completamente la naturaleza de la guerra.

Esta guía busca abrir este telón narrativo y echar un vistazo a la verdad del asunto, rastrear la historia de la guerra hasta la ocupación japonesa y descubrir la raíz del nacionalismo coreano que agitó a la nación en el frenesí de la guerra civil en 1950.

Se trata de una guerra a menudo olvidada, que lucha por conseguir su lugar en la historia entre los dos gigantes de la Segunda Guerra Mundial y la Guerra de Vietnam, que no fue menos significativa, no menos destructiva, y no tuvo menos impacto en la política global del siglo XX.

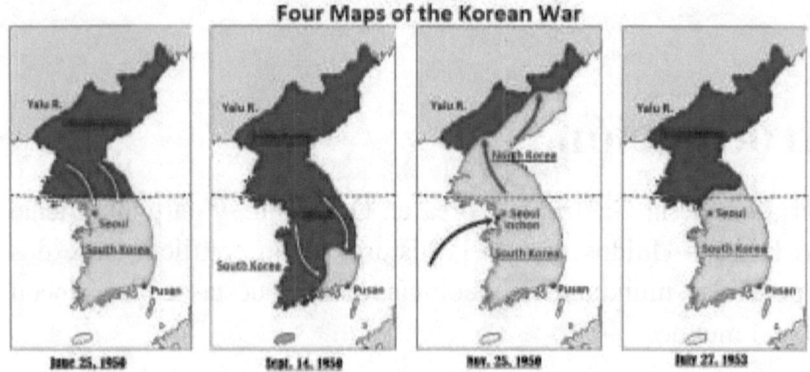

Capítulo 1 - La Ascendencia Japonesa: 1910-1945

La cadena de eventos que llevó a la península coreana al estallido de la guerra en 1950 se remonta a casi medio siglo antes, al comienzo de la ocupación japonesa del país. La nación coreana, con una cultura, idioma, etnicidad y herencia compartidas, se deterioró de una cohesión social armoniosa a una sangrienta guerra civil en solo 40 años. Las cicatrices del conflicto todavía están grabadas en el panorama político coreano de hoy. El norte tiene un gobierno comunista solitario, mientras que el sur ha florecido como una república democrática.

Para comprender el rápido deterioro y la última segregación de la península, debemos examinar las condiciones de la ocupación japonesa del país. Los coreanos bajo el dominio japonés eran una población sistemáticamente dividida y oprimida. Vieron su cultura reprimida y su fuerza de trabajo movilizada para alimentar las bocas japonesas y conducir la máquina de guerra japonesa. Pero el período también dio origen al movimiento de independencia coreano y comenzó a dar forma al nacionalismo coreano. Las ideas nacionalistas comenzarían a formarse, tanto dentro de Corea como a través del río Yalu en China, y dentro de la Unión Soviética por parte de los exiliados. Estas mismas ideas que fueron creadas bajo el gobierno japonés son las que dieron a la península la división política que aún podemos ver hoy.

El Tratado de Anexión Japón y Corea de 1910

Después de convertirse formalmente en un protectorado japonés en 1905 y traspasar el control de los asuntos administrativos a los japoneses en 1907, el residente general japonés Conde Terauchi Masatake elaboró el Tratado de Anexión entre Japón y Corea en 1910, para transferir formalmente el gobierno de Corea al emperador de Japón. Cuando se le presentó el tratado, el emperador Sunjong de Corea no tenía intención de firmarlo. Pero, ante la siniestra amenaza de la invasión japonesa que se avecinaba si no lo hacía, colocó a regañadientes su sello nacional del Imperio coreano en el tratado y, en lugar de firmarlo, presentó al primer ministro Lee Wan-yong el documento para firmar[i].

Sunjong enfrentó el dilema de firmar el documento y aceptar el gobierno japonés, o resistir y ser tomado por la fuerza, lo que indudablemente habría dejado muchas víctimas y llevado a una relación más sumisa bajo el gobierno japonés. El hecho de que el propio emperador no firmara realmente el documento, y las condiciones de coacción por las que se presentó el documento, ha llevado a muchos gobiernos posteriores tanto de Corea del Sur como de Corea del Norte a cuestionar la legalidad del tratado.

La vida bajo el dominio japonés

A pesar del sello del emperador, los coreanos fueron tratados como personas conquistadas. Los japoneses implementaron su versión de gobierno militar, conocida como budan seiji[ii]. Los militares y la policía extendieron su control en todos los aspectos de la vida coreana. A los coreanos no se les permitió publicar sus propios periódicos u organizar sus propios grupos políticos[iii], ni se les incluyó en altos niveles de administración gubernamental. La tierra coreana fue frecuentemente confiscada por los japoneses y redistribuida.

Económicamente, los japoneses implementaron un sistema de capitalismo proteccionista. Utilizaron mano de obra coreana para impulsar las industrias japonesas. Los coreanos se encontraron trabajando en empresas de propiedad japonesa. Las ganancias se enviaron de vuelta a Japón[iv] y solo un grupo muy pequeño y selecto de élites coreanas tuvo éxito bajo el gobierno japonés. En 1942, los empresarios coreanos poseían solo el 1,5% del capital total invertido en industrias coreanas y cobraban tasas de interés hasta un 25% más altas que sus contrapartes japonesas[v]. Estas condiciones hicieron imposible que la clase obrera coreana mejorara su suerte y erosionara la riqueza de la clase media ya establecida.

Los ocupantes japoneses querían garantizar la estabilidad y el control total en la península, lo que proporcionaría un área de amortiguamiento entre ellos y la agresión china[vi]. Su intención era utilizar la península coreana para expandirse hacia el noreste de China y tomar la región china de Manchuria.

Usaron Corea para ocupar una escasez de grano en Japón. El arroz y la soja fueron exportados desde Corea a Osaka, Yokohama y Yagasaki[vii]. A medida que más y más grano salía del país para alimentar a los ocupantes japoneses, había menos para la población coreana. Entre 1932 y 1936, el consumo de arroz per cápita en Corea era la mitad de lo que había sido de 1912 a 1916[viii].

El primer movimiento de marzo

Pero los coreanos, que habían estado acostumbrados al autogobierno dentro de la órbita china y estaban orgullosos de sus tradiciones culturales, eran una sociedad social cohesionada. Durante la primera década de la dominación japonesa se había formado un movimiento de resistencia y, el 1 de marzo de 1919, 33 activistas leyeron públicamente una Declaración de Independencia de Corea en Seúl y transmitieron sus quejas en la radio y en los periódicos.

Las protestas públicas se extendieron por todo el país ese día y las fuerzas japonesas respondieron con derramamiento de sangre y violencia. Las fuentes coreanas afirman que 7.509 personas murieron a manos de las fuerzas militares japonesas, mientras que los oficiales japoneses insisten en que la cifra es menor: 553 personas. Las protestas fueron reprimidas por los militares, pero la población coreana había hecho una declaración prominente.

La segunda fase de la ocupación japonesa

A raíz de las manifestaciones, la ocupación japonesa bajo el mando del almirante Saito Makoto entró en una nueva fase. A diferencia del gobierno militar rígido de su predecesor, Makoto marcó el comienzo de un período de gobierno cultural (bunka seiji)[ix]. Los estrictos controles sobre la cultura coreana se facilitaron, los coreanos pudieron publicar sus propios periódicos y se levantaron las leyes contra la expresión y la reunión pública.

Pero los cambios fueron de corta duración. En la década de 1930, los militares tomaron el control del gobierno japonés y se requirió que la colonia coreana desempeñara un papel más importante en la creación de un Imperio japonés. Los japoneses lanzaron su campaña en China en 1931, tomaron Manchuria y crearon el estado japonés de Manchukuo. Fue en este punto que los japoneses adoptaron una política de asimilación hacia la población coreana. La adoración en Shinto Shrines se volvió obligatoria[x] y las familias coreanas se vieron obligadas a tomar nombres de familia japoneses. Las escuelas coreanas tenían prohibido el uso del idioma coreano y toda la educación se impartía en japonés.

En 1937, Japón se embarcó en la segunda guerra chino-japonesa contra China. Todo el Imperio japonés se puso en pie de guerra, incluida la población coreana. La economía coreana fue modificada para apoyar el esfuerzo de guerra. Se introdujeron industrias pesadas, con la construcción de plantas químicas y eléctricas a gran escala[xi]. Los sistemas de transporte se modificaron para atender la distribución de recursos y tropas a Manchukuo, al norte de la península. Aunque las ganancias todavía se estaban canalizando hacia Japón, la guerra chino-japonesa fue un período de intenso desarrollo económico. Crearon industrias coreanas y alejaron al país del desarrollo meramente agrícola, lo que trajo muchos beneficios al país en los años posteriores a la ocupación.

Los japoneses continuaron sus esfuerzos para despojar a la población coreana de cualquier apariencia de identidad y cultura nacional e imponerse en la península. En 1940, el 84% de todas las familias coreanas habían adoptado nombres japoneses, solo se hablaba el japonés en las escuelas y en las esferas públicas, y habían cerrado todos los periódicos y publicaciones de los medios de comunicación de Corea después del estallido de la guerra[xii]. Pero, al hacerlo, los japoneses habían instigado un prominente movimiento nacionalista coreano.

El nacimiento del nacionalismo coreano

La ocupación japonesa de la península coreana creó las condiciones perfectas para que un movimiento de resistencia creciera. El yangban (clase terrateniente) y la clase media urbana, resintieron la ocupación japonesa y la falta de oportunidades que ofrecía. Mientras que unas pocas élites selectas se estaban volviendo ricas a través de la colaboración con los ocupantes japoneses, la mayoría se quedaron sin tierras y fueron reducidos a un estado de pobreza por el gobierno japonés[xiii].

Durante la primera fase de la ocupación, el movimiento nacionalista se centró en los estudiantes *yangban* de clase media. Organizaban regularmente protestas y participaban en actividades a favor de la independencia. El movimiento recibió el respaldo financiero de algunas élites políticas del país, como Kim Song-su, un rico empresario coreano que hizo su fortuna en la industria textil. Pero estos empresarios tenían que tener cuidado. Tenían negocios con el régimen japonés y cualquier apoyo a los movimientos de independencia era arriesgado y debía ser discreto[xiv].

En el período temprano de la ocupación, los movimientos nacionalistas entre las clases rurales más pobres se manifestaron como pequeños brotes de insurrecciones. Llamándose a sí mismos El Ejército Justo, sus rebeliones fueron desorganizadas y fueron fácilmente sofocadas por los militares japoneses durante los años 1910 y 1920. Para las clases rurales, estas pequeñas revueltas fueron impulsadas más por la ira sobre la pobreza y la desigualdad que por la ideología nacionalista real.

Muchos intelectuales y nacionalistas coreanos vivían en el exilio en la Rusia soviética y China, después de huir de Corea durante su anexión. Después de la Revolución de octubre de 1917 y la perpetuación de las ideas comunistas en toda Asia, creció el apetito por formar un movimiento comunista a favor de la independencia en Corea. En 1918, en Irkutsk, Rusia soviética, los coreanos que vivían en el exilio formaron el Primer Partido Comunista Coreano[xv]. Aunque se consideraba parte del Partido Comunista de Rusia, se organizó como la Sección Coreana.

En Shanghai, el centro del movimiento de la clase obrera china, los coreanos que vivían en el exilio formaron un gobierno provisional de Corea. También abrazaron el socialismo como una solución a los problemas de Corea. El gobierno provincial declaró una coalición gobernante con el recién formado Partido Comunista Koryo[xvi], dirigido por Yi Tong-hwi, un ex oficial del ejército coreano. Yi Tong-hwi y sus homólogos en Rusia usaron sus vínculos y conexiones para difundir su agenda socialista dentro de la península de Corea.

Su esfuerzo fue recompensado en 1925 cuando se formó el Partido Comunista de Corea, en suelo coreano[xvii]. Sin embargo, mantener un partido comunista nacional en Corea era un negocio arriesgado. Su carismático líder, Pak Hon-yong, estuvo en la facción de Shanghai en 1921 y regresó a Corea para formar el Partido Comunista de Corea, de solo 25 años. Fue encarcelado por primera vez por los militares japoneses en 1925, poco después de la formación del partido, y pasó cuatro años en prisión. En 1933, fue arrestado de nuevo. Esta vez, los japoneses lo torturaron sistemáticamente y lo mantuvieron aislado durante los siguientes seis años, hasta el punto de que creyeron que estaba loco e incapaz de liderar un movimiento cuando lo liberaron en 1939. Pero él salió y reformó el partido, finalmente huyendo al sur de Cholla para evitar un nuevo arresto[xviii].

El gobierno provisional en Shanghai también estaba ocupado haciendo preparativos para volver a entrar a Corea. Kim Ku, una figura prominente en el Gobierno Provisional, organizó asesinatos de alto perfil de altos funcionarios japoneses. También se reunió con el líder chino Chiang Kai-shek en 1933 para obtener ayuda financiera para la causa nacionalista. Ku prometió que a cambio del apoyo financiero del gobierno chino, el gobierno provisional en el exilio generaría levantamientos contra los japoneses en Japón, Corea y Manchuria (Manchukuo) dentro de los próximos dos años[xix]. Si bien Chiang Kai-shek se negó a brindar el apoyo financiero deseado, él comenzó un plan por el cual las fuerzas chinas entrenarían a cadetes militares para el Gobierno Provisional de Corea[xx]. Sin embargo, el plan fue abandonado un año más tarde, después de una fuerte protesta de Japón.

En la última parte de la ocupación, cuando los japoneses se embarcaron en su agresiva política de asimilación, el movimiento nacionalista coreano se vio obligado a exiliarse una vez más. Se volvió demasiado peligroso el permanecer en Corea y continuar las operaciones, y los líderes sobrevivientes de los movimientos describieron un momento de vigilancia policial constante y discriminación laboral dondequiera que se dirigían[xxi]. Muchos cruzaron la frontera hacia China y se unieron al gobierno provisional en Shanghai. Algunos huyeron a través del río Yalu hacia el recién creado estado de Manchukuo en Japón y se embarcaron en operaciones guerrilleras para socavar la ocupación japonesa allí. Su objetivo era formar un ejército popular en Manchukuo que, con el apoyo de Mao Zedong y los otros comunistas chinos, regresara a Corea y derrocara al gobierno japonés.

El período bajo el dominio japonés muestra una población con una fuerte conciencia nacionalista, pero las medidas represivas en vigor impidieron que un solo líder nacionalista se pusiera a la vanguardia de un movimiento coreano. Hubo varios movimientos que operaban desde el extranjero, y dentro del país, el movimiento estudiantil, los exiliados en la Rusia soviética, los exiliados en China, el Ejército de los Justos, el movimiento campesino y las operaciones de la guerrilla en Manchuria, pero no había una bandera única para unificar y reunir a una población. Como resultado, la efectividad del movimiento fue severamente limitada bajo la ocupación japonesa.

Segunda Guerra Mundial

Cuando comenzó la Segunda Guerra Mundial en el Pacífico en 1941, la población coreana fue puesta nuevamente en pie de guerra para apoyar el esfuerzo japonés. Medio millón de coreanos fueron obligados a servir en el ejército japonés. No recibieron igual trato que los soldados japoneses. Los japoneses colocaron a sus soldados coreanos en situaciones de mayor riesgo porque los consideraron más prescindibles que sus homólogos japoneses[xxii].

Si la guerra fue dura para la población masculina coreana, fue una completa tortura para la población femenina. Unas 200.000[xxiii] mujeres coreanas fueron forzadas a burdeles militares. Conocidas como "mujeres de consuelo", estas mujeres fueron sometidas a palizas, torturas y violaciones, y se las mantuvo en condiciones no mejores que la mayoría de los mataderos[xxiv]. Muchas de las mujeres nunca regresaron a sus hogares después de la guerra. Muchas murieron durante su terrible experiencia, otras murieron más tarde debido al trauma físico y psicológico que sufrieron, pero también algunas se negaron a volver a casa debido al intenso sentimiento de vergüenza. Hoy en día, el gobierno japonés todavía se niega a reconocer que estas "mujeres de consuelo" existían, a pesar de los numerosos reportes de las sobrevivientes[xxv].

El legado japonés

El 15 de agosto de 1945, la guerra terminó. Japón se rindió a las fuerzas aliadas y su ocupación de 35 años en la península de Corea llegó a su fin. Los japoneses dejaron una población coreana dividida sin casi clase media. Algunas familias coreanas que habían colaborado con los japoneses habían acumulado una gran cantidad de riqueza durante el período de desarrollo económico, pero la mayoría de la población coreana se quedó empobrecida y sin tierra. La desigualdad flagrante entre quienes habían colaborado con los japoneses y quienes no lo habían hecho, dejó a una población sumamente sensible a las injusticias creadas por el capitalismo japonés. A raíz de la Segunda Guerra Mundial, esperaban un gobierno independiente que pudiera abordar los problemas de desigualdad y pobreza.

Capítulo 2 - Una Corea Dividida: La Ocupación Estadounidense del Sur

Durante la Segunda Guerra Mundial, hubo una incertidumbre generalizada sobre cómo sería una península de Corea de la posguerra. El tema se trató por primera vez en detalle el 23 de noviembre de 1943 en El Cairo en una reunión entre Franklin D. Roosevelt y Chiang Kai-shek[xxvi]. Los chinos esperaban que después de la guerra, todos los territorios chinos confiscados por Japón serían devueltos a China, todas las islas en el Pacífico bajo ocupación japonesa serían eliminadas del control japonés y que Corea obtendría su independencia[xxvii]. Chiang Kai-shek quería ver al gobierno provisional coreano regresar a Corea desde Shanghai y gobernar el país de forma independiente. Tanto Roosevelt como Chiang acordaron una Corea independiente, pero a Roosevelt le preocupaba que cualquier intento de instalar al Gobierno Provisional como órgano rector en Corea se considerara un intento de excluir a los soviéticos y los comunistas coreanos en el exilio en la Unión Soviética. Roosevelt creía que se crearía una lucha de poder en la región entre los chinos y los soviéticos, lo que solo conduciría a una mayor inestabilidad.

Aunque ambas partes acordaron que se debería establecer una Corea independiente, ninguna de las dos sabía cómo llevarla a cabo. La naturaleza de los movimientos de independencia coreanos que operaban en el exilio en otros países suponían que dependían inherentemente de gobiernos extranjeros[xxviii]. El gobierno provisional en China se basó en la financiación del gobierno del Kuomintang (KMT) de Chiang Kai-shek y, de manera similar, el movimiento en Irkutsk se basó en la capacitación y el apoyo soviéticos. Una vez que estos movimientos volvieran a entrar en Corea, tendrían que demostrar su capacidad para representar a la población coreana en la península para unificar el apoyo y formar un gobierno estable. No había ninguna garantía de que cualquiera de las partes tuviera la popularidad necesaria para lograr estos objetivos.

Roosevelt tampoco estaba seguro de la capacidad de los coreanos para gobernarse a sí mismos después de décadas bajo el dominio japonés. William R. Langdon, un oficial de la oficina extranjera de los Estados Unidos que pasó un tiempo en Manchuria y Japón antes de la Segunda Guerra Mundial, preparó un memorando para la administración Roosevelt en 1942[xxix]. En este, él argumentó que, debido a la extensión de la ocupación japonesa, Corea no estaba en posición de administrar efectivamente su propio gobierno. Recomendó que Corea estuviese guiada por una potencia mayor antes de que pudiera dejarse funcionar independientemente. El memorándum mencionó la posibilidad de una comisión internacional que podría ayudar a los coreanos hasta que tuvieran la capacidad de administrar su propio estado de manera independiente.

Roosevelt tuvo una visión de posguerra de un mundo regulado por los poderes de los "Cuatro Grandes": Estados Unidos, la Unión Soviética, China y Gran Bretaña. Fue esta vena de pensamiento lo que le llevó a adoptar la idea de un Consejo Regional del Pacífico Norte que administraría a Corea después de la guerra. El consejo estaría formado por los Estados Unidos, China y la Unión Soviética[xxx]. Creía que esto resolvería el problema de que China o la

Unión Soviética recibieran un trato preferencial en la península después de la guerra.

Sin embargo, una cosa preocupaba a Roosevelt. No podía garantizar que la Unión Soviética no entraría a la guerra en el Pacífico. Temía que las tropas soviéticas entraran en Manchuria para combatir a los ejércitos japoneses en la sección norte de la península coreana y lograran una posición dominante para ocupar toda la península coreana después de la guerra[xxxi].

Entonces, en septiembre de 1944, Roosevelt comenzó a tomar medidas para llevar a buen término su visión del Consejo Regional del Pacífico. El Consejo Supremo de Defensa Nacional en Washington comenzó a trabajar estrechamente con el gobierno chino de KMT. Yang Yun-chu, director del Departamento de Asuntos de Asia Oriental en el gobierno de Chiang Kai-shek, fue enviado a Washington[xxxii] para elaborar planes de una administración interina para un gobierno coreano antes de que se le pudiese otorgar la independencia. Sin embargo, a pesar de realizar once reuniones en enero y febrero de 1945, se lograron pocos avances en la aclaración de cómo un administrador fiduciario internacional gestionaría la administración. Ambas partes tenían diferentes ideas sobre los roles de la administración fiduciaria y la cantidad de tiempo que el gobierno interino tendría que estar en el poder. Los chinos tenían la impresión de que a Corea se le podría otorgar la independencia dentro de cinco años, mientras que los estadounidenses tenían en mente un período de ocupación aliado mucho más largo de alrededor de 25 a 30 años[xxxiii].

Cuando Roosevelt, Stalin y Churchill se reunieron en Yalta en febrero de 1945, Roosevelt tuvo la oportunidad de llevar a Stalin a bordo con su visión de la administración fiduciaria de la península de Corea. Recibió un acuerdo oral[xxxiv] de Stalin de que Estados Unidos, China, la URSS y tal vez Gran Bretaña tendrían una mano en la administración de Corea una vez que terminara la guerra, pero nuevamente se habló poco de la implementación de tal plan, o sobre cómo funcionaría en la práctica.

El fin de la guerra y la división de Corea

El hecho de que el gobierno de Roosevelt no lograra avanzar en cualquier implementación práctica o negociación para el gobierno de Corea significó que, cuando murió dos meses más tarde, los Estados Unidos volvió a estar bajo la administración Truman. Una semana después de asumir el cargo, Truman había abandonado la idea de Roosevelt de una administración conjunta y comenzó a buscar una solución alternativa.

A medida que la agenda rusa se había vuelto más expansionista en Europa y las tropas del Ejército Rojo se estaban reuniendo en la frontera china y coreana, él vio la bomba atómica como una posible solución al problema[xxxv]. Creía que, si podía garantizar la rápida rendición de Japón lanzando una bomba atómica a una ciudad clave, la Unión Soviética no tendría necesidad de entrar a la guerra en el Pacífico e invadir Manchuria y Corea. Si los soviéticos no tuvieran tropas en la península coreana cuando los japoneses se rindieran, no tendrían excusa para ocupar ninguna parte de la península.

El 6 de agosto de 1945, Estados Unidos lanzó la primera bomba atómica en Hiroshima, pero Japón no se rindió. Dos días después, la Unión Soviética declaró la guerra a Japón, mucho antes de lo que predijeron los planificadores de los Estados Unidos. El Ejército Rojo se trasladó a Corea del Norte para derrotar al Ejército Kwangtung japonés que defendía el norte de la península[xxxvi]. Cuando los japoneses solicitaron términos para la rendición el 10 de agosto, un día después de que Estados Unidos lanzara la segunda bomba en Nagasaki, 250.000 soldados soviéticos acompañados por 35.000 soviéticos-coreanos[xxxvii] habían ocupado varias ciudades prominentes en el norte de Corea.

Los militares japoneses habían dividido Corea en el norte, que fue defendida por el Ejército Kwangtung, y el sur, que fue defendida por el Ejército Chosun. Con el ejército de Kwangtung derrotado y los soviéticos en control del norte de la península, Washington estaba tratando desesperadamente de impedir la anexión completa de Corea por parte de la Unión Soviética. Las tropas estadounidenses más cercanas estaban a 600 millas de distancia en Okinawa[xxxviii]. Así que, a última hora de la tarde del 10 de agosto, la División de Operaciones del Departamento de Guerra en Washington recibió 30 minutos para elaborar un plan. El general de brigada George Lincoln había estimado que los soviéticos podrían alcanzar el paralelo 38° antes de que las fuerzas de los Estados Unidos pudieran aterrizar en el sur y tomar Seúl. Basado en esta lógica, esta fue la línea de demarcación propuesta a los soviéticos esa noche. El plan se telegramó a Stalin y, para sorpresa del Estado Mayor Conjunto, lo aceptó el 16 de agosto[xxxix].

Las fuerzas soviéticas probablemente podrían haber empujado más hacia el sur antes de que los militares de los Estados Unidos pudieran haber aterrizado y asegurado Seúl, su decisión de aceptar la propuesta de los Estados Unidos fue sorprendente. Se cree que Stalin aceptó la oferta de demarcación en el paralelo 38° para mantener una buena relación de trabajo con los aliados en las negociaciones de posguerra[xl]. Su objetivo principal era asegurar la anexión de Europa del Este y creía que, al conceder el sur de la península coreana a los estadounidenses, estaría en una mejor posición en la mesa de negociaciones para el teatro europeo y la decisión sobre qué hacer con el resto de los territorios japoneses incautados. Stalin también era muy consciente de las tendencias izquierdistas de los movimientos de independencia coreanos y confiaba en que Corea seguiría siendo pro-soviética en la era de la posguerra.

El 7 de septiembre, el general Douglas MacArthur, comandante supremo aliado del Pacífico sudoccidental, formalizó el acuerdo cuando declaró públicamente a la población coreana que el territorio al sur de los 38 grados de latitud norte estaba ahora bajo su autoridad militar[xli].

La división de Corea se había completado. Sin la consulta o consideración de las voluntades o deseos de quienes habitaban la península, la administración Truman había tomado decisiones apresuradas, con poca previsión o comprensión de las condiciones dentro del país. La partición se estableció inicialmente para proporcionar una solución a corto plazo a los problemas que surgieron en la confusión de la rendición japonesa, sin embargo, en la actualidad, la península sigue dividida a lo largo de la misma línea de demarcación. Con más previsión, planificación y un plan paso a paso de la implementación práctica de los objetivos a largo plazo, los EE. UU. bajo Truman podrían haber evitado las trampas a corto plazo que llevaron a las profundas divisiones grabadas hoy en el país.

Estableciendo la ocupación estadounidense

Si la política de los Estados Unidos fue confusa e incoherente sobre la partición de la península, la política sobre la gestión cotidiana del país no fue más que caótica.

Cuando llegaron las fuerzas estadounidenses, se sorprendieron por la magnitud del apoyo de la izquierda radical en el sur del país[xlii]. Rápidamente se dieron cuenta de que la mayoría de las regiones del país tenían un movimiento izquierdista activo y no eran demasiado receptivos hacia sus ocupantes estadounidenses. La población coreana esperaba la instalación de un gobierno independiente después de la ocupación japonesa. La idea de otra ocupación militar no les atrajo.

El general Hodge fue nombrado gobernador militar de Corea del Sur por el general MacArthur e inmediatamente estableció un Consejo Asesor de Corea en octubre de 1945. Esto serviría como un gobierno interino hasta que Corea del Sur pudiera asumir la responsabilidad de su propio gobierno como país independiente. Hodge quería traer a alguien en quien pudiera confiar para dirigir el Consejo Consultivo de Corea. Necesitaba un coreano que no simpatizara con el comunismo, que tuviese vínculos estrechos con los políticos de los Estados Unidos y pudiese ser fiable para implementar sus políticas en el sur de la península.

Syngman Rhee fue el hombre elegido para el trabajo. Era ferozmente anticomunista y, durante los 33 años que había estado viviendo en los Estados Unidos antes del final de la guerra, había establecido fuertes conexiones dentro del gobierno de los Estados Unidos. Rhee fue trasladado inicialmente a Tokio en septiembre, donde se reunió con MacArthur y luego fue enviado a Seúl a mediados de octubre[xliii]. Casi tan pronto como Rhee aterrizó en Corea, fue nombrado presidente del Comité Central de Promoción de la Independencia, Representante de la Legislatura demócrata representativa del pueblo coreano y presidente de la Sede para la Unificación.

A diferencia de Roosevelt, Truman adoptó abiertamente una política de contención hacia el comunismo. En diciembre de 1945, los ministros de Relaciones Exteriores de los Estados Unidos, Gran Bretaña y la Unión Soviética se reunieron en Moscú en la conferencia de Moscú para discutir el futuro de la península coreana. Cuando no se pudieron acordar los detalles de un gobierno independiente, Truman abandonó la idea y adoptó una política de no cooperación con la Unión Soviética que selló el destino dividido de Corea.

En 1946, instaló una legislatura interina y un gobierno interino, liderados por Kim Kyu-shik y Syngman Rhee. Las dos instituciones gobernaron bajo la atenta mirada del Gobierno Militar de los Estados Unidos. Los EE. UU. optaron por ignorar las reclamaciones de legitimidad del gobierno provisional que operaba en China debido a su alineación comunista. Pero la Asamblea Legislativa Provisional de Corea del Sur encontró una intensa oposición en todo el país.

El gobierno instalado bajo Rhee y Kim no logró apelar a los movimientos de izquierda o derecha de Corea. Los movimientos de izquierda ignoraron la legitimidad del gobierno interino y consideraron al Gobierno provisional en el exilio como la única autoridad administrativa. Los grupos conservadores también se opusieron a la Asamblea Legislativa Provisional. El Partido Demócrata de Corea, que contaba con el apoyo de muchos de los dueños de negocios de Corea y seguía siendo clases de terratenientes, no tenía ninguno de sus líderes seleccionados para formar parte de la Asamblea Legislativa. Kim no dominó la popularidad de los conservadores en el país y su nombramiento de los 45 miembros de la Asamblea Legislativa estuvo compuesto principalmente por moderados como él, que no apelaron a los grupos conservadores[xliv].

El gobierno interino, bajo la guía del general Hodge, comenzó un intento de limpiar la ideología izquierdista de Corea del Sur. El Partido Comunista de Corea cambió su nombre al Partido Comunista de Corea del Sur y continuó operando dentro de la región. En noviembre de 1946, el influyente grupo comunista se fusionó con el Nuevo Partido Popular de Corea del Sur para crear el Partido de los Trabajadores de Corea del Sur. El partido tuvo un seguimiento significativo, la membresía activa fue de alrededor de 360.000[xlv].

El Gobierno Militar de los Estados Unidos inmediatamente declaró ilegal al partido y lanzó una ola de represión de izquierda. El Partido de los Trabajadores de Corea del Sur trasladó sus operaciones a la clandestinidad y se convirtió en clandestino por naturaleza. Comenzaron a lanzar una lucha de guerrillas contra el gobierno militar estadounidense. Aunque la persecución generalizada provocó que gran parte de los dirigentes del partido huyeran al norte de la península ocupada por los soviéticos, todavía gozaban de popularidad en muchas regiones del sur durante el período del gobierno militar estadounidense.

Un período de agitación

El Ejército de los Estados Unidos no solo tuvo que lidiar con una población de izquierda. La división arbitraria de la península a lo largo del paralelo 38° había provocado el caos económico. Las industrias pesadas y las plantas que habían transformado la economía coreana bajo los japoneses, ahora se encontraban predominantemente en el norte, bajo el control soviético[xlvi]. Según un Memorando de Inteligencia de la CIA de 1972, cuando los Estados Unidos tomaron Corea del Sur en 1945, solo el 35%[xlvii] de la industria pesada de la península se estableció en el Sur.

Las pocas industrias ubicadas en el sur, dependían de la electricidad generada por las centrales hidroeléctricas en el río Yalu, en el extremo norte de la península, que también estaba bajo control soviético. La electricidad generada en el sur solo pudo producir un 9%[xlviii] de las necesidades de electricidad de Corea del Sur.

El sur no solo estaba plagado de escasez de electricidad, sino que los técnicos y trabajadores japoneses que habían coordinado el funcionamiento diario de las fábricas y minas antes y durante la guerra, habían regresado a Japón[xlix]. El resultado fue una economía surcoreana sin suficientes trabajadores y técnicos calificados para operar sus pocas fábricas y minas restantes.

Al final de la guerra, la población de Corea del Sur aumentó a medida que muchos coreanos regresaban de sus períodos de exilio bajo los japoneses. Entre 1945 y 1946, la población se disparó en un 21%[l]. 1.8 millones de coreanos también ingresaron al sur desde el norte ocupado por los soviéticos entre 1945 y 1950. Esta afluencia de refugiados y exiliados que regresaban causó un gran desempleo. En 1947, solo la mitad de la fuerza laboral de Corea del Sur estaba empleada[li].

Al quedarse sin opciones e incapaz de manejar efectivamente la confusión en la que Corea del Sur había descendido, los Estados Unidos presentaron el tema coreano a la ONU. En septiembre de 1947, la Asamblea General de la ONU confirmó la solicitud de independencia de Corea y comenzó a hacer los preparativos hacia una elección para seleccionar una asamblea legislativa nacional independiente. La Unión Soviética se negó a conceder el Norte y quedó claro que las elecciones de 1948 serían para que un gobierno independiente gobernara solo el Sur.

Cuando se hizo evidente para el público que estas elecciones consolidarían la división de la península de Corea, una serie de protestas estallaron en Seúl y otras ciudades importantes. El Partido de los Trabajadores de Corea del Sur organizó una huelga general en protesta por la separación de febrero a marzo de 1948 y en abril estalló una rebelión abierta en la isla de Cheju[lii]. El 3 de abril, un grupo de rebeldes atacó estaciones de policía y edificios gubernamentales en la isla. Mataron a aproximadamente 50 policías en una muestra de descontento y desafío [liii]. La reacción fue brutal. Impulsado por el Gobierno Militar de los Estados Unidos, la administración de Rhee se embarcó en una campaña de tierra arrasada en Cheju, que dejó 60.000 civiles muertos y la destrucción generalizada de las aldeas de las islas[liv]. Muchos de los detalles de la retribución de Rhee contra los rebeldes se desconocían en ese momento. Fue una Ley de Libertad de Información, presentada muchos años después, lo que llevó a que la información sobre el aplastamiento del levantamiento cobrara vida.

En el período previo a las elecciones, otras revueltas estallaron en Corea del Sur. Para pacificar a los manifestantes de izquierda, el gobierno de los Estados Unidos aprobó un proyecto de ley que ofrecía una versión de la reforma agraria y la redistribución. Sin embargo, cuando la reforma finalmente se llevó a cabo en 1949, los beneficios se limitaron en gran medida a los leales al régimen de Rhee y la mayoría de los trabajadores agrícolas sin tierra no quedaron en mejores condiciones.

Las elecciones se llevaron a cabo en mayo de 1948, con una elección de seguimiento en julio de 1948. El Partido de los Trabajadores de Corea del Sur boicoteó las elecciones para evitar dar legitimidad al proceso. Syngman Rhee llegó a la victoria en las elecciones falsas con el 92,3% de los votos populares y el 15 de agosto de 1948, se declaró formalmente el establecimiento de la República de Corea para las regiones al sur del paralelo 38°. Para el 29 de junio de 1949, todos los militares de los Estados Unidos habían sido retirados, excepto unos pocos asesores[lv].

La ocupación estadounidense entre 1945 y 1948 fue un período de agitación y confusión para el país. La falta de comprensión de los Estados Unidos de la península llevó a una división arbitraria a lo largo del paralelo 38° y causó la incapacidad de Corea del Sur para administrar una economía autosuficiente. No hubo una estrategia a largo plazo sobre qué hacer con Corea o cómo lo defenderían los Estados Unidos. El general Hodge recibió instrucciones para preservar la estabilidad, pero había sido despojado de casi todos los recursos para hacerlo por la demarcación acordada del paralelo 38°.

La decisión de Truman de adoptar una postura de no cooperación con la Unión Soviética creó una gran incertidumbre sobre el futuro de la península e hizo imposible lograr una Corea unida e independiente al final de la ocupación. En 1947, cuando el gobierno de Chiang Kai-shek se tambaleaba en China, y el dominio soviético en el norte, Corea del Sur parecía convertirse en la única región del noreste de Asia sin influencia comunista. La situación era precaria y muchos estadounidenses en Washington estaban cuestionando su capacidad para defender a Corea del Sur.

Capítulo 3 - La forja del estado de Corea del Norte

La narrativa que se ha perpetrado en la literatura y propaganda norcoreanas que rodean el nacimiento de la nación y el surgimiento de Kim Il-sung describe a un nuevo proletariado que asume el liderazgo bajo un movimiento de liberación nacional liderado por el mismo Kim Il-sung. Esta representa a Kim como un líder justo de un movimiento revolucionario marxista-leninista, luchando codo con codo con las fuerzas soviéticas en Corea del Norte para derrocar a los brutales ocupantes japoneses[lvi].

En realidad, los ataques guerrilleros de Kim Il-sung contra los japoneses en Manchuria fueron poco más que una molestia menor a finales de los años treinta y cuarenta[lvii]. No era un líder prominente del movimiento comunista antes de regresar a Corea del Norte durante la invasión soviética de 1945, y el pueblo coreano tampoco le brindó su apoyo tan pronto como regresó a la península. Tuvo que trabajar para obtener el liderazgo y es poco probable que lo hubiera logrado sin un apoyo soviético significativo.

El Surgimiento de Kim Il-sung

Después de la liberación de Corea del Norte en agosto de 1945, había cuatro grupos políticos compitiendo por el poder bajo la nueva ocupación soviética. Existía el grupo comunista nacional establecido que había permanecido en Corea durante la guerra, los comunistas que habían regresado del exilio en China que formaban la facción de Yenan, los comunistas que habían regresado de la Rusia soviética (incluyendo Kim Il-sung) y los nacionalistas no comunistas[lviii]. Inicialmente, a pesar del entrenamiento militar de la facción Yenan de las fuerzas de Chiang Kai-shek y los rusos coreanos que tenían experiencia militar en el ejército soviético[lix], fue el último grupo de no comunistas quienes disfrutaron de la mayor parte del poder.

Cuando los japoneses huyeron de Corea del Norte en 1945, el gobernador de Pyongan Nando, la provincia en la que se encuentra la capital de Pyongyang, transfirió su poder a los nacionalistas. Cho Man-sik, un maestro cristiano no comunista, fue nombrado gobernador[lx] de la provincia. Una vez que los soviéticos tomaron el control, nombraron a Cho como el jefe del Comité Político Provisional, que gobernaba toda el área ocupada por los soviéticos.

Cho confió en su base de poder cristiana para su apoyo. Hubo intensas actividades misioneras cristianas en Corea a finales del siglo XIX que llevaron al crecimiento de un número significativo de cristianos en la región. Bajo la ocupación japonesa, habían sido perseguidos por su renuencia a adorar en los santuarios sintoístas. Como resultado, la comunidad cristiana en Corea del Norte en 1945 estaba fuertemente politizada y tenía el potencial de convertirse en una fuerza política importante en el norte de la península[lxi]. En noviembre de 1945, los líderes cristianos se unieron para formar el Partido Demócrata de Corea (KDP, por sus siglas en inglés), *Choson Minjudang*, y establecieron un gobierno sobre el norte ocupado por los soviéticos.

Casi tan pronto como la Unión Soviética estableció un Comité Político Provisional, comenzaron a implementar reformas económicas soviéticas. Las industrias quedaron bajo control estatal y las reformas agrarias confiscaron propiedad privada a los propietarios de tierras que se habían beneficiado bajo el gobierno japonés.

Sin embargo, este fue un tema polémico para el Comité Político Provisional de Cho. Estaba firmemente en contra de los programas de reforma agraria soviéticos y sus planes de compra de granos y, por lo tanto, se enfrentó a las autoridades soviéticas. Sin apoyar las reformas implementadas por los soviéticos, Cho no logró mantenerse en el poder por mucho tiempo. Finalmente fue arrestado por el comando soviético en 1946[lxii] por su incumplimiento.

Casi tan pronto como Cho fue arrestado, sintiendo que las mareas estaban cambiando, los cristianos comenzaron a huir del norte y entrar al sur. Entre 1945 y 1951, entre 1 y 1,4 millones de personas[lxiii] huyeron de Corea del Norte, muchos de ellos cristianos, debido a la persecución de los soviéticos y otros líderes comunistas. En abril de 1946, el KDP se había mudado a Seúl[lxiv]. Sin embargo, incluso después de la detención y eliminación de Cho, los soviéticos mantuvieron la estructura del KDP para mantener la ilusión de una democracia. Reemplazaron a Cho con un líder comunista llamado Ch'oe Yong-gon.

Mientras tanto, las facciones comunistas competidoras estaban consolidando sus bases de poder. La facción de Yenan centró su atención en generar apoyo entre los trabajadores de oficina educados con resultados considerables. Muchos burócratas que habían trabajado bajo los japoneses se unieron a la Liga de la Independencia de la facción de Yenan. Esto permitió a la ideología comunista apelar a nuevos grupos demográficos. Muchos coreanos que habían permanecido en Corea durante la ocupación japonesa y la guerra, creían que el comunismo era para las clases pobres y para los que no tenían educación. Los exiliados que regresaban de China persuadieron a la pequeña burguesía más adinerada y educada de que el comunismo también podría ser para ellos[lxv].

Kim Il-sung, por otro lado, apeló a las clases rurales más pobres. Su estilo carismático de visitar fábricas y granjas para ofrecer "orientación sobre el terreno" le permitió construir una fuerte base de poder entre los trabajadores[lxvi]. Su hijo y nieto, Kim Jong-il y Kim Jong-un, seguirían utilizando los mismos métodos para generar apoyo entre las clases trabajadoras, y ambos fueron fotografiados con frecuencia por los medios de comunicación estatales de Corea del Norte en el lugar, inspeccionando una fábrica o proyecto de construcción y sonriendo con los trabajadores.

A lo largo de la década de 1940, la membresía en el partido comunista se disparó hasta entre el 12% y el 14% de la población[lxvii]. Ofrecía privilegios y oportunidades a los trabajadores rurales pobres a través de la participación política que antes había estado fuera de su alcance.

Kim Il-Sung había estado trabajando arduamente para asegurar que sus seguidores de los coreanos soviéticos y los que habían estado en la Unión Soviética durante sus años de exilio estuvieran establecidos en todos los niveles del gobierno local y regional[lxviii]. Kim también fue ayudado por la política soviética. Los soviéticos querían frenar la influencia china en Corea del Norte, por lo que llenaron muchas de las posiciones de los medios con coreanos soviéticos[lxix]. Con el apoyo de Kim tanto de los medios de comunicación como de la población más pobre y el apoyo de la facción Yenan entre la clase educada urbana, los dos grupos comunistas se vieron obligados a trabajar juntos de forma visible para compartir su apoyo popular[lxx].

En febrero de 1946, los dos grupos compartirían posiciones de liderazgo en el recién formado Comité Popular Provisional de Corea del Norte. Kim-Il Sung fue nombrado presidente, mientras que Kim Tu-bong de la facción Yenan se convirtió en vicepresidente. Una vez que los dos partidos habían establecido con éxito una coalición de gobierno, acordaron que la existencia de dos partidos comunistas estaba dañando al país. Las dos facciones acordaron fusionarse y, en julio de 1946, el recién formado Partido de los Trabajadores de Corea del Norte (NKWP) celebró su primera conferencia[lxxi].

Como el sur tenía elecciones para establecer un gobierno independiente, el norte eligió una Asamblea Popular Suprema en agosto de 1948 que gobernaría el país. Se elaboró una nueva constitución el 3 de septiembre y el 9 de septiembre, Kim asumió el cargo de Premier de la recién formada República Popular Democrática de Corea (RPDC). La Unión Soviética declaró al gobierno de Kim como el único gobierno legal en la península poco después y en diciembre, la Asamblea General de las Naciones Unidas respondió declarando a la República de Corea en el sur como el único gobierno legal de Corea.

Reunirse bajo una sola parte permitió que el NKWP atrajera a todos los segmentos de la sociedad norcoreana. El partido unificó el apoyo y sacó su mensaje. El símbolo definitivo del éxito de su estrategia y su mayor popularidad se produjo en junio de 1949. El Partido de los Trabajadores de Corea del Norte se unió al Partido de los Trabajadores de Corea del Sur[lxxii] para establecer el Partido de los Trabajadores de Corea. Esto significó el éxito de Kim en ganarse a toda la población, cuatro años después de ingresar a Corea. Para 1949, se había convertido en un faro para el movimiento comunista coreano, tanto en el norte como en aquellos que estaban siendo reprimidos, perseguidos y asesinados en el sur durante las protestas y rebeliones. Con la ayuda de Rusia, se había establecido como el líder de los norcoreanos.

Capítulo 4 - Primera sangre: El estallido de la guerra

Con la posición de Kim como líder de la República Democrática de Corea (RPDC) finalmente asegurada y los EE. UU. fuera de Corea del Sur, él centraría su atención en su próximo objetivo: la reunificación de toda la península.

El comunismo estaba cobrando impulso en todo el continente asiático. La ideología comunista se extendía por China a medida que la revolución de Mao Zedong se extendía por todo el continente, impulsada por el apoyo soviético y la retirada del gobierno nacionalista de Chiang-Kai Shek. Alentado por el establecimiento de la RPDC, el movimiento de insurgencia también estuvo presente en Corea del Sur tras las rebeliones en la preparación para la elección.

Kim envió un telegrama a Stalin el 3 de septiembre de 1949. Kim sabía que necesitaría un amplio apoyo externo para emprender cualquier maniobra militar con el objetivo de unificar la península. En el infame telegrama, se dirigió a Stalin para pedir "permiso para comenzar operaciones militares contra el Sur"[lxxiii]". La respuesta del primer ministro soviético fue clara en su respuesta: "es imposible[lxxiv]".

Pero dentro de un año de la petición de Kim Il-sung, las fuerzas norcoreanas cruzarían el paralelo 38° y comenzarían una campaña militar contra las fuerzas militares surcoreanas. Las conversaciones y reuniones entre Stalin, Kim Il-sung y Mao Zedong ofrecieron una idea del giro en U en la decisión de Stalin y los eventos que llevaron a la movilización de las tropas de la RPDC contra el sur.

Mao, Stalin, Kim Il-sung y el Movimiento hacia la Guerra

La primera vez que la visión de Kim para la reunificación de la península de Corea se discutió abiertamente fue durante una reunión entre Stalin y Kim en marzo de 1949[lxxv]. Durante la reunión, Stalin se comprometió a proporcionar ayuda económica a la recién formada RPDC de Kim, junto con las finanzas para mejoras ferroviarias y ayuda para su Ejército Popular de Corea (KPA, por sus siglas en inglés) en forma de entrenamiento de aviación para sus fuerzas[lxxvi]. Stalin también tuvo cuidado de descartar explícitamente cualquier apoyo a la meta de Kim de reunificarse[lxxvii].

Esto no disuadió a Kim Il-sung. Inmediatamente comenzó a fortalecer el KPA buscando reclutar a coreanos que vivían en la región de Manchuria en el noreste de China para expandir el tamaño de su ejército. También envió al Jefe de Asuntos Políticos del ejército, Kim Il, a China para hablar con Mao Zedong sobre la posibilidad de recibir ayuda militar china. Los chinos estaban más que felices de complacer. Vieron a un fuerte aliado comunista a lo largo de la frontera noreste como una buena manera de fortalecer su posición en la región. También lo vieron como una oportunidad para reducir la influencia soviética. Si pudieran forjar fuertes lazos con Corea del Norte, Mao creía que China podría convertirse en el nuevo poder político comunista en la región. En este pensamiento, Mao prometió a la KPA dos divisiones de soldados chino-coreanos en el momento posicionados en Manchuria y se comprometió a devolver a los oficiales coreanos que estaban entrenando actualmente en el Ejército Rojo en junio[lxxviii]. De manera crucial, Mao también le dio a Kim la seguridad que estaba buscando: "si estalla una guerra entre

Corea del Norte y Corea del Sur, también estamos listos para dar eso que está en nuestro poder"[lxxix].

Con el estímulo de la respuesta de Mao, Kim envió a Stalin ese telegrama de súplica en septiembre, pero después de que Stalin se negara rotundamente a apoyar una invasión del sur, Kim comenzó a inquietarse. Quería golpear mientras el hierro estaba caliente y aún contaba con el apoyo del movimiento de insurgencia en el sur.

En octubre, las fuerzas de Chiang-Kai Shek colapsaron y huyeron de China continental a la isla de Taiwán, indicando una posible victoria para Mao y los comunistas chinos en China continental. Mao declaró formalmente el nacimiento de la República Popular China (PRC) el 1 de octubre. Aunque la Guerra Civil no había terminado y Mao quería llevar a Taiwán a completar su revolución, cambió la situación en el teatro asiático. Como la posición de Mao parecía más segura y su victoria más garantizada, los objetivos de Stalin y Mao se separaron.

Mao se mantuvo decidido a tomar Taiwán, pero Stalin estaba vehementemente en contra de él. Creía que un movimiento contra la isla provocaría una intervención militar estadounidense que podría conducir a una guerra total entre China, los Estados Unidos y la Unión Soviética. Más importante aún para Corea, le preocupaba que una vez que Mao tomara Taiwán, los Estados Unidos no tuvieran más remedio que reconocer internacionalmente a la República Popular China. Temía que esto abriera la posibilidad de relaciones diplomáticas chino-americanas[lxxx] y que las dos naciones cooperaran para frenar la influencia global de la Unión Soviética.

Sus temores fueron justificados. Los estadounidenses diseñaron su estrategia diplomática "política de división" que buscaba brindar apoyo a Chiang Kai-shek y al KMT en Taiwán, pero al mismo tiempo buscan una relación diplomática con el Partido Comunista Chino (CCP) de Mao.

Kim esperaba sacar provecho de este período de incertidumbre al aprovechar la oportunidad para apelar una vez más a Stalin para que le permitiera iniciar operaciones militares contra el sur. En enero de 1950, Kim le pidió a Stalin otra reunión para discutir la reunificación. Insinuó al embajador soviético en Corea del Norte, Terentii Shtykov, que Mao ya había prometido apoyo y que Kim buscaría a Mao para que le proporcionara lo que le hiciera falta si Stalin se negaba[lxxxi]. Este fue el estímulo que Stalin necesitaba. No quería que se produjera una invasión sin su aprobación y quería evitar cualquier semblanza a una relación mutua entre Kim y Mao que erosionaría la influencia regional de la Unión Soviética. Stalin aceptó la solicitud de Kim para reunirse y lo invitó a Moscú para discutir el asunto más a fondo[lxxxii].

Antes de la reunión, Kim le pidió a Stalin que proporcionara los créditos de ayuda de Corea del Norte para 1951 con un año de anticipación para permitirle adquirir armas, municiones y equipo militar para el KPA. Stalin aceptó y permitió a Kim compensar los costos siempre que pudiera proporcionar oro, plata y monacita para el programa nuclear soviético, lo cual Kim aceptó[lxxxiii].

A finales de marzo, Kim viajó a Moscú en una operación encubierta para mantener la reunión en secreto de Mao y los chinos. Permaneció en Moscú hasta mediados de mayo[lxxxiv], donde los dos hicieron planes para el golpe de la RPDC en el sur. Sus planes se basaron en un ataque rápido para atrapar al sur sin preparación, junto con la movilización militar de comunistas surcoreanos leales a Kim y guerrilleros norcoreanos que ya se encontraban en el sur de la península.

Stalin tuvo la precaución de agregar una condición a su aceptación del comienzo de las actividades militares de Kim contra el sur. Quería que Kim hablara con Mao primero y obtuviera su apoyo. Stalin aceptó el plan de Kim, pero estaba nervioso de que los militares de Estados Unidos acudieran en ayuda de las fuerzas de Corea del Sur. Le dijo a Kim Il-sung que si Estados Unidos se unía a la guerra, la Unión Soviética no podría luchar abiertamente contra ellos[lxxxv]. Quería que Kim obtuviera las seguridades de Mao de que

China proporcionaría apoyo en caso de que el ejército de los Estados Unidos entrara en el conflicto en apoyo de la República de Corea.

Stalin había maniobrado hábilmente el deseo de Kim de unificar la península para trabajar a favor de los objetivos políticos de la Unión Soviética. Creía que si pudiera conseguir que las fuerzas chinas lucharan contra los estadounidenses, habría logrado garantizar el aislamiento de China de las potencias occidentales[lxxxvi]. Dejar la China de Mao aislada diplomáticamente era la única forma en que Stalin podía garantizar la subordinación china a la estrategia política soviética[lxxxvii]. También evitaría que Mao dedicara todas sus fuerzas militares a la campaña para tomar Taiwán y completar su revolución. Si la guerra fuera un éxito, expandiría las zonas de amortiguamiento para la Unión Soviética de Stalin y sería un grave golpe a la influencia estadounidense. Astutamente, Stalin estaba orquestando una guerra abierta contra los Estados Unidos sin arriesgar a un solo soldado soviético.

Siguiendo la insistencia de Stalin de que Kim obtuviese el compromiso con Mao, Kim partió en secreto a Beijing el 13 de mayo para reunirse con Mao y el Primer Ministro, Zhou Enlai, y se sentó en la primera reunión con la pareja más tarde esa noche. Kim les dijo que Stalin había prometido su apoyo y había avivado con éxito el temor de Mao de que Stalin quería apoyar la reunificación de Corea del Norte antes de la campaña para tomar Taiwán. Hay pruebas de que Zhou Enlai lo aclaró con el embajador soviético de Pekín y, una vez que el propio Stalin verificó[lxxxviii] que le había dado su aprobación al plan de Kim, Mao rápidamente aprobó la solicitud de ayuda y asistencia de Kim.

Mao probablemente aceptó por miedo a molestar a Stalin. Mao quería desesperadamente el apoyo soviético aéreo para su planeado ataque a Taiwán y no quería arriesgarse a alienar al líder de la Unión Soviética[lxxxix]. Mao creía que negarle a Kim el apoyo que quería, y que Stalin le había pedido, pondría en peligro la capacidad futura de Mao para negociar el apoyo para su ofensiva de Taiwán.

La secuencia de reuniones, telegramas y conversaciones entre los tres jefes de estado muestran que la decisión de ir a la guerra surgió de la insistencia de Kim más que de las ideas de Stalin sobre los planes de expansión soviética. Stalin estuvo inicialmente en contra de la idea, pero una vez que exploró formas de hacer que el conflicto funcionara a favor de los objetivos de la política exterior soviética, manipuló a Mao y la situación para que le resultara ventajosa. Puede que hubiera sido inicialmente idea de Kim, pero el momento en que se produjo el conflicto aseguró que Stalin pudiera sacar el máximo provecho del conflicto.

Evitó que China estableciera relaciones diplomáticas con los Estados Unidos e impidió una unión militar chino-norcoreana que excluía a la Unión Soviética. También llevó a los Estados Unidos a una guerra contra un gobierno comunista, sin el riesgo de vidas soviéticas en la línea del frente. Había orquestado magistralmente el sueño de Kim para cumplir su visión.

¿Quién desató la guerra?

Una vez que Kim prometió a Mao que los militares chinos ofrecerían apoyo al KPA en su plan para reunificar la península, se hicieron preparativos para una invasión del Sur. Si bien Kim tenía la intención de ir a la guerra, la visión del mundo occidental de un KPA agresivo atacando el paralelo 38° contra un desprevenido y poco preparado ejército surcoreano no consideraba con precisión todas las fuerzas en juego en el conflicto.

Antes del estallido de la guerra el 2 de junio de 1950, hubo muchas posturas desde ambos lados del paralelo 38°. En 1950, la popularidad de Rhee comenzó a disminuir y el gobierno de la República de Corea parecía más inestable que nunca. El ejército de los Estados Unidos insistió en que Rhee celebrara otra elección general en mayo. El partido de Rhee sufrió grandes pérdidas, reteniendo solo 22 escaños de los 210[xc] y el control sobre la Asamblea General del condado fue entregado a una mezcla de grupos independientes que competían por el poder.

Kim tomó esto como una oportunidad para reunir apoyo en el sur para una sola Corea unida. El 7 de junio, Kim y otros líderes de la RPDC hicieron un llamamiento a la población de Corea del Sur para que apoyara la reunificación de toda la península a través de una libre elección nacional. Recomendó que las conversaciones entre los dos gobiernos tuviesen lugar en Haeju, una ciudad en Corea del Norte cerca del paralelo 38° o Kaesung, una ciudad en Corea del Sur también cerca del paralelo 38°[xci]. Kim pidió deliberadamente que Syngman Rhee fuese excluido de las elecciones, con la esperanza de jugar con su impopularidad para obtener apoyo entre la población del sur.

Esto hizo que la situación fuera más sensible; la comisión de la ONU y los observadores militares de los Estados Unidos se desplegaron para monitorear el paralelo 38°. Cuatro días después, el 11 de junio, tres delegados fueron arrestados por cruzar la frontera hacia Corea del Sur para solicitar una reunificación[xcii]. La situación se consideró tan precaria que John Foster Dulles, un consultor especial del Departamento de Estado de los Estados Unidos, viajó a la República de Corea para inspeccionar la situación.

El 19 de junio, Foster Dulles se dirigió a la Asamblea Nacional, prometiendo más apoyo estadounidense a Corea del Sur y aumentando aún más las tensiones en toda la península.

A finales de ese mes, el 25 de junio, estas tensiones llegaron a un punto crítico cuando el Embajador de los Estados Unidos en la República de Corea, el Sr. Muccio, informó que las fuerzas de la RPDC habían cruzado el paralelo 38°[xciii]. Un informe de observadores militares de EE. UU. detallaba cómo se organizó la defensa de las fuerzas surcoreanas y cómo la invasión de la RPDC sorprendió al ejército[xciv]. El teniente coronel Malonoy, jefe de personal interino del Grupo Asesor Militar de los EE. UU., informó que, al caer la noche del 25 de junio, todo el territorio del sur al oeste del río Imjin se había perdido para las fuerzas de la RPDC a una profundidad de tres millas[xcv], con la excepción de la región en la provincia de Haeju.

La RPDC, sin duda, cruzó el paralelo 25° y ocupó las ciudades de Onjin y Kaesung el 25 de junio. Sin embargo, la afirmación de Corea del Sur y Estados Unidos de que no estaban preparados para la guerra y defender el ataque de Corea del Norte no explica el éxito del contraataque de Corea del Sur en la ciudad norcoreana de Haeju. En una declaración publicada que no recibió tanta atención como los informes que destacan la agresión de Corea del Norte, el ejército de Corea del Sur describe un exitoso contraataque en la ciudad de Haeju en la mañana del 25 de junio[xcvi].

Haeju tenía una población de alrededor de 82.000[xcvii] personas y fue el primer cruce ferroviario sobre el paralelo 38° que tenía una línea directa a Pyongyang. La ciudad habría tenido un interés estratégico significativo para el ejército surcoreano. Su conectividad a Pyongyang, a solo 65 millas de distancia, lo convertiría en el lugar ideal desde donde lanzar una invasión de la capital de Corea del Norte. Los informes que rodean el brote del conflicto muestran que alrededor de las 4:00 a.m. del 25 de junio, las fuerzas norcoreanas atacaron la península de Onjin. Un ataque por tierra con cuatro divisiones, 70.000 hombres y 70 tanques siguieron aproximadamente media hora después[xcviii]. Evidentemente, el asalto había sido planeado durante bastante tiempo, ya que las ubicaciones clave a lo largo del paralelo 38° fueron alcanzadas. Entre las 9:00 y las 9:30 a.m., Kaesung, la ciudad más importante tomada por el KPA, cayó en manos del comunista. Sin embargo, una transmisión oficial desde Seúl describe el contraataque surcoreano que ingresa a Haeju a las 9:00 a.m. Esto significaría que el contraataque tuvo lugar antes de que ciudades importantes en Corea del Sur cayeran en manos del KPA.

Dada la cronología, es poco probable que las fuerzas surcoreanas estuvieran tan poco preparadas como se mostraban. El general MacArthur más tarde presentaría una declaración a las audiencias del Comité Conjunto del Senado que describen el nivel de preparación de las fuerzas de Corea del Sur para el estallido de la guerra. Su declaración muestra que las fuerzas de Corea del Sur estaban concentradas en una base entre Seúl y el paralelo 38°. Esto también indicaría que las fuerzas no estaban posicionadas para defender el paralelo 38° como fue sugerido por los EE. UU., pero se estaban preparando para una invasión propia, probablemente en Haeju[xcix].

La guerra también se ajustó a los objetivos de Syngman Rhee. En 1950, la República de Corea se estaba convirtiendo en un estado policial estrechamente controlado bajo Syngman Rhee[c]. Cuanto más se desvanecía su popularidad, más estrictamente quería controlar a la población. Los opositores políticos estaban siendo encarcelados y la inflación estaba aumentando. Estaba utilizando la amenaza de un inminente ataque norcoreano como excusa para aplazar las elecciones de mayo por seis meses, una medida que preocupaba profundamente al Secretario de Estado de los Estados Unidos, Dean Acheson. La elección solo tuvo lugar después de que Acheson amenazara con revisar el paquete de ayuda que Corea del Sur estaba recibiendo si no se celebraban las elecciones[ci].

Rhee tampoco ocultó el hecho de que quería invadir el norte para lograr la reunificación. A lo largo de 1950, pronunció varios discursos provocativos que insinuaban el uso de la fuerza militar contra Corea del Norte, el más significativo de los cuales se produjo el 1 de marzo cuando se refirió al gobierno de Kim como "títeres extranjeros"[cii]. En este sentido, es completamente plausible que Rhee diera la orden de una invasión surcoreana, o al menos, deseaba provocar a Kim al ataque y así poder usar el asalto como una excusa para ocupar Haeju.

Independientemente de quién ocupó la primera ciudad, el 27 de junio, los Estados Unidos hicieron un llamamiento al Consejo de Seguridad de la ONU para que diera su aprobación para intervenir en la guerra contra la agresión norcoreana bajo la bandera de las Naciones Unidas. Debido a que la República Popular de China aún no había sido reconocida por la ONU, y la Unión Soviética estaba boicoteando al Consejo de Seguridad en protesta por la decisión, la Resolución de la ONU se aprobó sin el aporte o veto de la Unión

Soviética y la República Popular China. El Consejo aprobó la Resolución 83, que determinó que la agresión mostrada por Corea del Norte era una violación de la paz en la península y les ordenó cesar las hostilidades o se desplegaría una fuerza militar para restablecer la paz.

Al recibir la bendición de la ONU, Truman ordenó a la Fuerza Aérea de los Estados Unidos que brindara asistencia a las fuerzas de Corea del Sur. Al igual que Stalin, Truman también pudo manipular la situación para servir a sus intereses. El 27 de junio, también movió a la Séptima Flota para contener a Taiwán y evitar que el PRC completara su revolución[ciii]. Truman quería una excusa para proporcionar abiertamente asistencia militar al gobierno del KMT de Chiang Kai-shek en el exilio y esta manifestación de agresión comunista había sido el disfraz perfecto.

Sin lugar a dudas, la guerra ocurrió el 25 de junio porque el ejército norcoreano cruzó el paralelo 38°, pero, dada la conveniencia de la guerra para todas las partes involucradas, podría haber ocurrido fácilmente a partir de una invasión de Haeju en las próximas semanas por parte de las fuerzas surcoreanas. La guerra benefició los objetivos de Stalin, los objetivos de Kim, los objetivos de Rhee y, en última instancia, Truman también aprovechó la oportunidad para ganar influencia sobre Taiwán y prometer apoyo militar para el KPA. Ningún jugador involucrado estaba en posición de defender la paz, asegurando que la precaria cortina de paz a lo largo del paralelo 38° se derrumbara y hundiera a la península en una guerra abierta.

Capítulo 5 - Golpea fuerte y rápido: la retirada de los Estados Unidos

La decisión de Truman de intervenir militarmente en la península de Corea representa un cambio notable en la estrategia de los Estados Unidos. Las fuerzas estadounidenses se retiraron de la península y, a pesar de prometer ayuda y apoyo, no tenían tropas desplegadas en la República de Corea antes de que Truman tomara la decisión de destinar fuerzas terrestres de los Estados Unidos.

El ejército de la República de Corea en retirada

En los días posteriores a la invasión de Corea del Norte, la situación en la República de Corea pasó de ser mala a absolutamente caótica. En los cinco días que transcurrieron entre el cruce del paralelo 38° y la llegada del ejército de los Estados Unidos para apoyar al gobierno de Corea del Sur, Syngman Rhee huyó de Seúl en su tren especial y trasladó toda la sede de la República del Ejército de Corea (ROKA, por sus siglas en inglés) al sur de la ciudad. Al hacerlo, sembró el pánico entre la población civil en Seúl y dejó a las tropas que luchaban al norte de Seúl sin ninguna comunicación a sus superiores y al resto de la ROKA. Como era de esperar, las fuerzas que defendían la capital surcoreana comenzaron a rendirse y retirarse, y en poco tiempo el KPA había tomado la mayor parte de la capital y la línea del frente se había movido por debajo de Seúl. Rhee detendría su tren en Taejon para prometer a las tropas que se quedaría y lucharía hasta la muerte, antes de subirse de nuevo a su tren y dirigirse a Mokpo, luego a Pusan, dentro del perímetro seguro de Pusan. Con un líder interesado solo en salvarse a sí mismo, no era de extrañar que el Ejército de la República de Corea tuviese poco interés en arriesgar sus vidas en la batalla. Las fuerzas ROKA se rindieron en grandes cantidades, a menudo huyendo del campo de batalla sin sus armas y suministros.

Después de que los EE. UU. tuvieran la autorización de la ONU para restablecer la paz en la península con fuerza militar, Truman y MacArthur necesitaban tomar una decisión sobre qué capacidad involucrarían en la defensa de Corea del Sur. Querían preservar el gobierno en Corea del Sur, pero desconfiaban de la intervención militar soviética en la península. Muchos en la administración de Truman estaban en contra del uso de fuerzas terrestres porque creían que instigaría a la Unión Soviética a desplegar tropas en Corea, enredando así a las dos superpotencias en una guerra abierta. El Consejo de Seguridad Nacional se reunió el 28 de junio y discutió la posibilidad de una intervención militar soviética en la península. Llegaron a la conclusión de que, si las tropas soviéticas entraban en el conflicto para ayudar a las fuerzas norcoreanas, "las fuerzas de los Estados Unidos deberían defenderse, no deberían tomar medidas para agravar la situación y deberían informar a Washington sobre la situación[civ]".

Más tarde, ese mismo día, John H. Church, jefe del equipo de la inspección en Corea del Sur, dijo al general MacArthur la única forma en que Corea del Sur podría evitar el colapso del gobierno y la anexión comunista total sería con la intervención estadounidense[cv]. Esto provocó aún más preocupación por parte de la administración Truman. Pero en la tarde del 29 de junio, el gobierno estadounidense obtuvo la tranquilidad que buscaban. Washington recibió noticias de Moscú de que la Unión Soviética no tenía intención de cometer fuerzas terrestres para ayudar al KPA[cvi].

Este fue un punto de inflexión para Truman, quien se sintió seguro de que podía enviar tropas a Corea sin preocuparse por la escalada militar de la Unión Soviética. Acheson también se calmó y comenzó a presionar por el compromiso de las fuerzas terrestres estadounidenses para defender la independencia de Corea del Sur[cvii]. Truman seguía siendo cauteloso y no quería asignar más fuerzas de las que necesitaba. Sospechaba, con razón, que los rusos esperaban que los chinos lucharan por ellos[cviii] y que tampoco quisieran provocar que China entrara en la guerra.

La noche del 29 de junio, Truman estaba listo para dar sus instrucciones. Ordenó el despliegue de fuerzas aéreas y navales para asegurar el área Fusan-Chinhae, que se conocería como el perímetro de Pusan, en la esquina sureste de la península. Desplegó la fuerza aérea para bombardear objetivos, incluidos los que se encontraban al norte del paralelo 38°, proporcionando a la fuerza aérea el objetivo de evitar objetivos al norte, en las regiones fronterizas para evitar provocar la intervención china o soviética[cix].

Al día siguiente, MacArthur informó desde Corea con sus recomendaciones. Quería un equipo de combate de regimiento, junto con dos divisiones de tropas para llevar a cabo los objetivos de Truman de asegurar a Corea del Sur y restaurar el paralelo 38° como la línea de demarcación natural. Truman estaba decepcionado. Esperaba que las fuerzas terrestres no fueran necesarias; sin embargo, aceptó las recomendaciones de MacArthur e hizo arreglos el 30 de junio para el despliegue de tropas estadounidenses en Corea del Sur.

La decisión de Truman para la intervención estadounidense

La decisión de Truman de enviar tropas terrestres a Corea daría forma a la política exterior estadounidense durante el período de la

Guerra Fría. Esta representaba una nueva postura hacia la Unión Soviética.

En 1949, la Unión Soviética desarrolló la bomba atómica. Para Truman y las administraciones subsiguientes, se hizo aún más imperativo evitar un conflicto directo con la Unión Soviética por temor a que se convirtiera en un conflicto nuclear.

Tras los conflictos en Grecia y Turquía, donde la financiación estadounidense había intentado evitar la propagación del comunismo, Truman estaba decidido a que el comunismo no pudiera engullir a Corea y alimentar los incendios expansionistas soviéticos. Él creía que la invasión de las fuerzas de Kim Il-Sung era una manifestación de los ideales expansionistas soviéticos[cx] y la mejor manera de prevenir una guerra futura con la Unión Soviética, sería luchar abiertamente contra el comunismo con las tropas terrestres en el teatro asiático, con la esperanza de que una derrota comunista allí causaría que Stalin tambaleara en sus ideas expansionistas. Por lo tanto, Truman quería brindar apoyo a las fuerzas coloniales francesas en Vietnam y asegurar a Taiwán para evitar una mayor propagación del comunismo. Esta persistente insistencia de que el comunismo no debería extenderse en Asia llevaría al despliegue de tropas terrestres primero en Corea y años más tarde en Vietnam.

La situación política en el país también había cambiado. Joseph McCarthy, el senador obstinado de Wisconsin, había comenzado su campaña de erradicación de simpatizantes comunistas. Después del juicio de Algar Hiss, un alto funcionario del gobierno, por las acusaciones de ser un espía soviético en 1948[cxi], Truman sintió que tenía que demostrar su fuerza contra el comunismo ante el electorado en su país. Si permitiera que Corea del Sur, un estado ocupado por los Estados Unidos solo dos años antes, cayera en manos del comunismo, tendría que enfrentar preguntas difíciles de parte de la banda de simpatizantes de McCarthy y la población de los Estados Unidos en general.

Truman dibujó sus líneas rojas y tomó la decisión, en lo que sería una de las decisiones definitorias para dar forma a la geopolítica del siglo XXI y vincular a los Estados Unidos con dos guerras sangrientas y prolongadas en Asia.

Un enemigo subestimado

Con el ejército de la República de Corea en plena retirada, las fuerzas estadounidenses llegaron a Corea sin estar preparadas para la lucha efectiva y altamente organizada del KPA. La solicitud inicial de MacArthur de dos divisiones se extendió a 30.000 soldados menos de una semana después. Una semana después pidió ocho divisiones en total[cxii]. Los norcoreanos habían superado severamente las expectativas de las fuerzas estadounidenses. Eran una fuerza de combate efectiva, hábil en el arte del combate de guerrillas, con mujeres entre sus filas y muchos simpatizantes en el sur. Hanson Baldwin, el editor militar del *New York Times*, los resumió cuando los calificó de "entrenados, implacables, temerarios de la vida, y hábiles en las tácticas de la clase de guerra que combaten como las hordas de Genghis Khan".[cxiii]"

Sin experiencia previa contra este tipo de guerra, las fuerzas de los Estados Unidos tenían poca idea de cómo derrotarlos. Adoptaron una estrategia para arrasar a los presuntos pueblos comunistas hasta el suelo. A los pueblos y aldeas sospechosos de albergar a comunistas les quitaron su población civil e internaron en las islas cerca de la costa de Pusan, donde se les prohibió regresar. Sus casas fueron devastadas y la ciudad o aldea totalmente destruida[cxiv]. La ciudad de Sunchon había arrestado al 90% de su población, mientras que Yechon había removido a todos los civiles[cxv].

Truman continuó enviando tropas estadounidenses para sofocar el impulso norcoreano. A finales de julio, había 47.000 estadounidenses luchando junto a 45.000 surcoreanos contra solo 70.000 norcoreanos, pero el retiro continuó[cxvi]. No fue hasta que se desplegó la 1ra Brigada de Infantería de Marina en agosto, que el retiro finalmente se desaceleró y se establecieron las líneas del frente.

Con el retiro finalmente contrarrestado, el comando estadounidense y la República de Corea hicieron un balance de la situación. Habían sido empujados a un área de 80x50 millas en el extremo sureste de la península, que iba desde Pohang hasta Taegu, luego a la región costera de Chinju-Masan. Había 98.000 tropas de KPA en el sur de la península. La capital de Corea del Sur, Seúl, estaba en manos de Corea del Norte, mientras que la mitad de las fuerzas de la República de Corea quedaron muertas, fueron capturadas o fueron declaradas desaparecidas. Alrededor del 70% del ejército de la República de Corea había perdido sus armas en su prisa por retirarse del campo de batalla y solo dos divisiones permanecían en plena capacidad de combate[cxvii].

El plan de Kim Il-sung que había tramado con Stalin durante la reunión del previo mes de marzo donde se había propuesto golpear a la República de Corea con fuerza y rapidez para unificar rápidamente la península, y casi lo logró. Había obligado a MacArthur a jugar su mano y, para el 8 de septiembre, todas las tropas de combate disponibles luchaban en Corea del Norte, excepto la 82° División Aerotransportada, muy lejos de las dos divisiones que MacArthur creía inicialmente que enviarían al KPA al paralelo 38°. Fueron necesarios 83.000 soldados estadounidenses junto con 57.000 ROK y refuerzos británicos[cxviii] para detener el avance de Corea del Norte, pero esto tuvo un costo.

En los últimos días de agosto, el KPA lanzó otra ofensiva para romper las líneas de los EE. UU. y la ROK. Tres batallones KPA cruzaron el río Naktong y tomaron a Pohang y Chinju. Las fuerzas de los Estados Unidos se vieron obligadas a reubicar el cuartel general en Pusan[cxix]. Estas dos semanas vieron algunos de los combates más sangrientos de la guerra y, a mediados de septiembre, había largas listas de bajas.

Entre el 25 de junio, cuando comenzó la guerra, y el 15 de septiembre, hubo más de 20.000 soldados estadounidenses heridos y 4.280 muertos[cxx]. Estas pérdidas palidecieron en comparación con las pérdidas registradas en el Ejército de la República de Corea. Durante la guerra por el sur, 111.000 surcoreanos murieron con más de 106.000 heridos y 57.000 aún desaparecidos. Para aquellos que sobrevivieron, muchos quedaron sin hogar ya que 314.000 casas fueron destruidas[cxxi].

Las fuerzas de los Estados Unidos y la República de Corea se habían visto humilladas en el escenario mundial. Los Estados Unidos habían derrotado a dos de los ejércitos más grandes del planeta en los japoneses y los alemanes, y ahora un ejército comunista recién formado los había empujado a un pequeño espacio en el rincón sureste de la península. Le había costado a casi toda su fuerza militar solo para evitar la toma total de Corea por parte de los comunistas que avanzaban y su posición aún no parecía segura. Pero MacArthur tenía un plan para restaurar el orgullo de los Estados Unidos y cambiar el rumbo de la Guerra de Corea.

Capítulo 6 - Victorias agridulces: el renacimiento estadounidense y la decisión de China de cruzar el Yalu

El ambicioso plan maestro de MacArthur cambió el rumbo de la guerra y dio la vuelta al conflicto de Corea. Las fuerzas de los Estados Unidos y la República de Corea pasaron de ser atrapadas en el perímetro de Pusan, con el mar a sus espaldas y las olas de embestida de Corea del Norte que se estrellaron en su frente, a la recaptura de Seúl y el restablecimiento del paralelo 38° en solo un par de semanas.

Formando el legado de MacArthur

El crédito por el espectacular resurgimiento de las fuerzas de los Estados Unidos solo se puede colocar a los pies de un hombre, el general Douglas MacArthur. MacArthur había estado planeando cuál sería su legado de coronación desde el 29 de junio, cuando tomó un vuelo a Suwon en los primeros días de la guerra. En medio del pánico y la retirada del Ejército de Corea del Sur y de los civiles, formuló la idea de organizar un aterrizaje anfibio cerca de Seúl[cxxii] para cortar las líneas de suministro de Corea del Norte, recuperar la capital y aislar a las tropas del KPA en el Sur, que luego podrían ser redondeadas y aplastadas. Decidió que Inchon sería el lugar perfecto para tal aterrizaje.

Casi inmediatamente MacArthur ordenó a sus asesores que comenzaran la planificación de la "Operación Corazón Azul". Sin embargo, a medida que las tropas norcoreanas avanzaban con una fuerza alarmante, el plan se suspendió mientras se reorganizaban las líneas estadounidenses y se traían más tropas para detener el avance.

El plan para un aterrizaje anfibio pronto fue revivido bajo la "Operación Chromite"[cxxiii], con Inchon como objetivo y el 15 de septiembre como fecha de ejecución. Pero el plan tuvo sus oponentes. Los almirantes superiores y los generales de la marina eran escépticos. Solo se podía acceder a Inchon por un estrecho corredor y se podía defender todo el corredor mediante el despliegue de armas y artillería de Corea del Norte en la isla Wolmi. Inchon también tenía mareas impredecibles y extremas. La diferencia de altura entre la marea alta y baja fue de hasta diez metros. Si el aterrizaje no se cronometraba a la perfección, las naves de aterrizaje se atascarían tan pronto como la marea bajara. Con tantas incertidumbres, muchos de los generales y almirantes no estaban dispuestos a alejar a los hombres de la defensa feroz del perímetro de Pusan para embarcarse en una ofensiva anfibia tan ambiciosa y potencialmente peligrosa[cxxiv].

Tomó todas las habilidades de astucia y oratoria de MacArthur para persuadir a los generales de su plan. El 23 de agosto, se reunió con altos almirantes, generales y jefes de personal del ejército y la marina en Tokio para escuchar sus quejas. Después de escuchar atentamente sus preocupaciones mientras fumaba su pipa, se puso de pie para dirigirse a ellos y aliviar su descontento. Lo que siguió fue un discurso apasionante de 45 minutos que decidiría el destino y el legado no solo del propio MacArthur, sino de toda la intervención estadounidense en Corea. Esbozó sus argumentos para el aterrizaje y concluyó con las palabras de excitación: “Casi puedo escuchar el tictac de la segunda mano del destino. Debemos actuar ahora o moriremos. Inchon tendrá éxito, y vamos a salvar 100.000 vidas. Aterrizaremos en Inchon, y los aplastaré[cxxv]".

El aterrizaje de Inchon

Las palabras de MacArthur no podrían haber sido más proféticas. El 10 de septiembre comenzó el preludio del aterrizaje. Los cruceros y aviones de guerra británicos y estadounidenses comenzaron el bombardeo de la isla Wolmi, desactivando gran parte del armamento del KPA y abriendo el camino para que los 260 barcos de desembarco aterrizaran en Inchon cinco días después[cxxvi].

Para orquestar el aterrizaje en Inchon, MacArthur reclutó al genio anfibio detrás del exitoso aterrizaje de Leyte en Filipinas y el desembarco de la playa de Omaha en Normandía durante la Segunda Guerra Mundial, el almirante Arthur Dewey Struble[cxxvii]. Navegó un aterrizaje perfectamente cronometrado entre las bahías y las mareas cambiantes. Kim no logró explotar el puerto y tenía tan poco como 2.000 efectivos de KPA colocados allí. Fueron impotentes para resistir la invasión y los marines aterrizaron con mínima oposición.[cxxviii].

El aterrizaje fue ejecutado a la perfección, una buena parte de buenas noticias provenientes del conflicto después de semanas de pérdidas estadounidenses y surcoreanas que dominan los titulares.

Kim Il-sung fue advertido sobre el aterrizaje de Mao y los chinos, pero no pudo evitar el éxito de la fuerza de aterrizaje estadounidense. Cuando la retirada se hizo más lenta y las tropas estadounidenses atacaron alrededor de Pusan en el sureste, Zhou Enlai ordenó al Estado Mayor del Ejército Popular de Liberación (EPL), Lei Yingfu, que elaborara un pronóstico de los posibles movimientos estadounidenses en el futuro. Lei concluyó que los EE. UU. probablemente intentarían un aterrizaje anfibio e Inchon probablemente sería el sitio[cxxix]. El mismo día en que MacArthur estaba despertando a sus generales con su discurso en Tokio, Lei informó a Mao sobre sus sospechas, quien transmitió la información a Kim Il-sung. Los asesores rusos de Kim también le estaban dando advertencias similares. Por razones desconocidas, Kim no actuó sobre ellos, para su propia desgracia.

El retiro inteligente

Dos semanas después del desembarco en Inchon, las fuerzas estadounidenses habían retomado a Seúl y las tropas norcoreanas huían al norte a través de las montañas[cxxx]. A principios de octubre, las fuerzas estadounidenses habían restablecido la 38° división paralela y habían logrado contener la propagación del comunismo en la península.

Si los estadounidenses hubieran parado allí, el conflicto podría haber terminado. El paralelo 38° habría sido reconocido y restaurado y Truman podría celebrar la finalización exitosa de sus objetivos de preguerra. Había logrado evitar el conflicto abierto entre las tropas estadounidenses y las fuerzas chinas o soviéticas, sin permitir que la República de Corea cayera en el comunismo. El establecimiento de las líneas de demarcación previas a junio a finales de septiembre podría haber salvado miles de vidas estadounidenses, norcoreanas y chinas. Sin embargo, esto no iba a pasar.

El 9 de septiembre, seis días antes del desembarco de Inchon, el Consejo de Seguridad Nacional emitió el documento número 81, que asesoraba al Presidente sobre su curso de acción una vez que se restableciera el paralelo 38°[cxxxi]. El informe concluyó que la restauración de las fuerzas en el paralelo 38°, como lo fue el 25 de junio, no sería deseable para los Estados Unidos. Este recomendó a Truman impulsar la reunificación de toda la península coreana por la fuerza militar en Corea del Norte[cxxxii].

Truman aceptó y autorizó el uso de la fuerza militar estadounidense por encima del paralelo 38°, aunque agregó la estipulación de que solo el Ejército de la República de Corea debería participar en operaciones cerca de la frontera con Manchuria y si había algún signo de agresión soviética, se debía informar inmediatamente y las tropas estadounidenses asumirían posiciones defensivas[cxxxiii].

A pesar de reconocer que la decisión norcoreana de cruzar el paralelo 38° el 25 de junio como un acto claro de agresión comunista, el Consejo de Seguridad de los EE. UU., vería como un problema que las fuerzas de los estadounidenses hicieran exactamente lo mismo un poco más de dos meses después. Entonces, las fuerzas de los Estados Unidos emprendieron una campaña militar al norte del paralelo 38° para unificar la península bajo el gobierno de la República de Corea. MacArthur dividió su fuerza en dos columnas[cxxxiv] con la intención de formar un movimiento de pinza y atrapar a las tropas de KPA restantes contra el río Yalu en medio de las dos columnas antes de acercarse a ellos y aplastarlos.

A principios de octubre, las fuerzas norcoreanas estaban en retirada total, aunque desconocidas para MacArthur y Truman, a diferencia de la frenética retirada de las fuerzas de la República de Corea, a principios de verano, esta fue una retirada calculada e inteligente.

Las notas recuperadas del cuaderno de Pak Ki-song, el Jefe de Inteligencia Política de KPA octava división, muestran que el KPA tenía un plan propio. Querían atraer a los estadounidenses a las profundidades del territorio norcoreano, hacia el río Yalu para extender las fuerzas de los Estados Unidos sobre una vasta zona y cada vez más cerca de la frontera china[cxxxv].

China cruza el Yalu

A medida que las fuerzas de EE. UU. continuaron con el KPA hacia Corea del Norte hacia finales de septiembre y principios de octubre, las agencias de inteligencia estadounidenses consideraron la posibilidad de que China entrara en la guerra en apoyo del gobierno de Kim Il-sung.

El 20 de septiembre, la CIA discutió la posibilidad de que los "voluntarios" chinos pudieran acudir en ayuda del KPA, pero concluyeron que, como Stalin, Mao no tenía interés en involucrar a sus fuerzas chinas en un conflicto abierto con las fuerzas estadounidenses[cxxxvi]. Incluso hasta el 24 de noviembre, apenas unos días antes de la ofensiva china mientras las fuerzas de MacArthur marchaban en el río Yalu, la CIA aún no sospechaba la inminente intervención china. Pero, ¿por qué Estados Unidos estaba tan convencido de que una ofensiva china estaba tan descartada?

Internamente, la economía de China se rompió después de la revolución de Mao[cxxxvii]. La inflación era alta y con la atención de Mao en un asalto a Taiwán, los formuladores de políticas de los EE. UU. no consideraron que Corea del Norte ocupara un lugar destacado en la lista de prioridades de Mao.

Los Estados Unidos también depositaron demasiada fe en la política soviética de no intervención. Asumieron erróneamente que los chinos tomarían el liderazgo de los soviéticos sobre el asunto y supusieron que la decisión de Stalin de no proporcionar apoyo y asistencia se extendía automáticamente a Mao[cxxxviii].

Había algo de lógica en esto. La relación chino-soviética en 1950 hizo que cada país mantuviera su propia esfera de influencia. La Unión Soviética proporcionó armas y apoyo a Kim Il-sung en Corea del Norte, mientras que los chinos proporcionaron ayuda y apoyo a Ho Chi Minh y sus fuerzas comunistas en Vietnam. El gobierno de Truman puso demasiado énfasis en estas esferas y asumió que no habría un cruce de apoyo, especialmente cuando los comunistas vietnamitas planeaban un asalto a los colonialistas franceses en Vietnam en ese momento y necesitarían todo el apoyo chino que pudieran obtener[cxxxix].

La decisión de comprometer a las fuerzas chinas si Corea del Norte fuese invadida ya se había decidido durante la visita de Kim Il-sung a Beijing antes del estallido de la guerra. El 4 de agosto, solo un par de semanas después del inicio de la guerra, Mao ya contaba con asesores militares chinos en Pyongyang que informaban sobre la situación de la guerra de Corea[cxl]. A finales de septiembre, después de los éxitos estadounidenses en Inchon, se decidió que las fuerzas chinas entraran en la guerra. Lo único que quedaba por decidir era cuándo y cuán grande sería la fuerza. El 30 de septiembre, Mao le dijo a Stalin que enviaría 12 divisiones de infantería a Corea del

Norte, pero a Stalin le preocupaba que un despliegue de fuerza tan grande causara una escalada del conflicto[cxli]. Al final, Mao asignaría estas divisiones contra los deseos de Stalin.

La Administración Truman no consideró completamente la situación de China en su análisis. Si bien las fuerzas de los Estados Unidos no constituían una amenaza directa para la seguridad nacional de Mao, la perspectiva de una Corea del Norte ocupada por los Estados Unidos plantearía problemas considerables a Mao en el futuro. China necesitaba tropas de la guarnición a lo largo de la frontera de Manchuria para mantener una línea de defensa contra sus vecinos ocupados por los Estados Unidos. La región noreste de China albergaba gran parte de la industria pesada del país y era increíblemente valiosa para Mao. Manchuria fue el hogar de las industrias de acero y carbón de China y las centrales hidroeléctricas en Yalu, que proporcionaban electricidad. La frontera de 1.000 km necesitaba un número sustancial de tropas para protegerla, lo que significaba mayores costos y menos tropas disponibles para el futuro asalto de Taiwán[cxlii]. También temía que, con un vecino ocupado por los Estados Unidos, alimentaría a los elementos anticomunistas presentes en China que estaban en contra de sus políticas. No podía permitirse que los grupos anticomunistas cobraran impulso tan poco después de la revolución comunista y decidió que la intervención ahora para evitar la toma de posesión de la península por parte de los Estados Unidos, le ahorraría dinero y tropas a China a largo plazo y ayudaría a Mao a crear un gobierno comunista chino más estable políticamente.

La Administración Truman tampoco consideró el alcance de la cooperación chino-coreana durante la Guerra Civil China. El Gobierno provincial de Corea se había establecido en Shanghai durante la ocupación de los Estados Unidos en el sur y muchos coreanos habían luchado por el Partido Comunista Chino (PCCh) durante la Guerra Civil[cxliii]. Esta asistencia no había pasado desapercibida para Mao, quien estaba feliz de ayudar a los comunistas coreanos en su propia Guerra Civil.

También hubo señales de advertencia que pasaron desapercibidas. A mediados de noviembre, la CIA notó que la retirada de Corea del Norte no se parecía a la retirada normal de un ejército en vuelo. Las pinzas de MacArthur se encontraron con una resistencia limitada de las tropas del KPA, incluso mientras se apoderaban de Chongjin y el corazón de Kim Il-sung, Kapsan. La CIA comenzó a sospechar que la retirada era un truco para lanzar una contraofensiva. Los pilotos de reconocimiento también informaron avistamientos de un gran número de tropas reunidas en el campo hacia la frontera de Manchuria[cxliv], pero hubo un consenso limitado entre las agencias de inteligencia y las fuerzas de MacArthur, que continuaron avanzando y estirando sus líneas de suministro cuando se acercaba el amargo invierno coreano.

Había señales en tierra que deberían haber sido causa de alarma para Truman. Entre los prisioneros de guerra de la KPA capturados había tropas chinas de seis ejércitos chinos diferentes, una clara indicación de la significativa cooperación chino-coreana[cxlv]. Los chinos lanzaron una pequeña y sangrienta ofensiva a través del Yalu a finales de octubre[cxlvi], con la esperanza de que su mera presencia disuadiera a la Marcha hacia la frontera china y causara que MacArthur volviera al paralelo 38°. Atacaron y luego desaparecieron. Pero MacArthur fue implacable en su empuje hacia adelante.

Internamente, Zhou Enlai condenaba el cruce estadounidense del paralelo 38° como una amenaza directa a la seguridad nacional china[cxlvii]. Esto, junto con la pequeña ofensiva a finales de octubre, fue tanto un mensaje para la población china como para los estadounidenses. Zhou y Mao necesitaban crear el contexto político correcto para intervenir en el conflicto coreano. La guerra con las fuerzas estadounidenses sería costosa y significaría sacrificios para la población civil china. Enmarcando la guerra como una respuesta a la agresión estadounidense y una medida puramente defensiva les permitió vender la guerra a la población china[cxlviii]. Esto también fue adecuado para Kim. Quería esperar el momento oportuno para la intervención china, una vez que las líneas estadounidenses se hubieran estirado lo suficiente y una contraofensiva causaría el mayor daño.

El ataque chino

La contraofensiva china comenzó en serio el 27 de noviembre de 1950. Tal como estaba previsto, las fuerzas estadounidenses se extendieron por todo Corea del Norte y el brutal ataque de China redujo las fuerzas aliadas. La 1ª División de Marines se encontró atrapada en el Embalse de Changjin[cxlix] y, una vez más, las fuerzas de la ROKA casi se derrumbaron.

El 4 de diciembre, la Administración Truman cambió el escrito de MacArthur, haciendo de la preservación de las fuerzas de los Estados Unidos el nuevo objetivo primario. Con esa sobreexposición y líneas estiradas, las fuerzas de los Estados Unidos no podían hacer nada, excepto concentrarse en la supervivencia. Para el 6 de diciembre, Pyongyang había regresado al control de Corea del Norte y al día siguiente, la nueva línea de frente estaba a solo 20 millas al norte del paralelo 38°[cl], desentrañando todos los avances aliados de las seis semanas anteriores.

La contraofensiva había diezmado a las fuerzas de la República de Corea y Estados Unidos. Los Estados Unidos sufrieron 335.000 bajas[cli] en algunos de los combates más intensos de la guerra. MacArthur se puso furioso y calificó a la ofensiva china como "uno de los actos más ofensivos de la ilegalidad internacional de los registros históricos.[clii]" Ordenó la destrucción aérea completa de Corea del Norte desde la frontera de Manchuria hacia el sur como represalia. Pueblos enteros fueron envueltos en llamas mientras el campo norcoreano fue bombardeado con napalm y artillería estadounidense.

Truman tuvo que amenazar con desplegar armas atómicas en una conferencia de prensa el 30 de noviembre para detener el avance chino. Fueron la siniestra amenaza de la destrucción atómica y las tácticas astutas del campo de batalla del general Matthew Ridgway lo que detuvo el avance chino al sur de Seúl.

De un solo golpe, las fuerzas chinas erradicaron a las fuerzas estadounidenses del norte de la península y retomaron Seúl para los comunistas coreanos. Los éxitos del desembarco en Inchon de MacArthur fueron anulados casi todos por la intervención china. Si MacArthur puede responsabilizarse de gran parte de los éxitos de los Estados Unidos en Inchon, él y Truman también deben responsabilizarse de la catastrófica pérdida de vidas causada por el ejército chino. Las señales de advertencia de una inminente invasión china fueron ignoradas y los informes de inteligencia no lograron convencer a MacArthur o Truman para detener el avance estadounidense. Las fuerzas estadounidenses habían pasado de celebrar su victoria de Inchon, a correr hacia el sur para lamer sus heridas. Con la administración de Truman buscando a quién asignar la culpa, MacArthur se encontraría con un objetivo que lo mantuviera ocupado.

Capítulo 7 - ¿Cómo resolver un problema como China?

Una vez más, la marea de la Guerra de Corea había cambiado. A fines de enero, Ridgway estaba en posición de liderar las fuerzas de regreso a Seúl para reclamar la capital. Después de semanas de duros combates, las fuerzas estadounidenses retomaron Seúl y en la primavera de 1951 las líneas de batalla se endurecieron y se estabilizaron en líneas similares a las que aún hoy marcan la península.

La caída de Douglas MacArthur

Con el campo de batalla más o menos estabilizado, Truman enfrentó la próxima gran decisión de su presidencia. ¿Cómo lidiaría con la intervención de China en el conflicto coreano? La posición de MacArthur era inequívoca. Pidió el bombardeo de Corea del Norte y China y exigió que la guerra aérea se trajera contra objetivos chinos. También quería llevar las fuerzas de Chiang Kai-shek a Corea desde Taiwán y usarlas contra los chinos, ampliando así el alcance de la guerra, aumentando el número de tropas en la península y arrastrando aún más las fuerzas estadounidenses al atolladero coreano.

Truman se mostraba ahora escéptico ante el juicio de MacArthur. Conoció a Truman en octubre, justo un mes antes de la ofensiva de China y le aseguró que las posibilidades de una intervención china eran escasas. Se había demostrado que estaba equivocado una vez, era muy posible que otra vez se demostrara que estaba equivocado.

En un movimiento que sorprendió a la nación, Truman anunció el despido de MacArthur el 11 de abril de 1951. El público inicialmente estuvo en contra del despido y recibió a MacArthur con una bienvenida de héroe a su regreso. Incluso hubo rumores de que él se había presentado como candidato presidencial en las próximas elecciones presidenciales de 1952, pero esto nunca se materializó[cliii].

El despido provocó un argumento muy público entre Truman y MacArthur, cada uno de los cuales representaba puntos de vista opuestos sobre cómo manejar la agresión china en Corea. MacArthur defendía el lado de la guerra ilimitada, mientras que Truman, por otro lado, quería mantener el alcance limitado de la Guerra de Corea. Él no quería una guerra más amplia en Asia, creía que el teatro europeo era mucho más importante para el resultado de la Guerra Fría[cliv] y acusó a MacArthur de insubordinación y de no poder ver el panorama completo. También quería desesperadamente evitar cualquier provocación que llevara a la intervención soviética y potencialmente desencadenara una tercera guerra mundial.

A pesar de la opinión pública en ese momento, Truman tenía muy buenas razones para despedir a Douglas MacArthur. Sin embargo, estas razones válidas no se informaron al público y tuvieron poco efecto en la gran popularidad de MacArthur en ese momento. En la década de 1970, los testimonios secretos que tuvieron lugar en las Audiencias del Senado después del despido de MacArthur revelaron los verdaderos defectos de las soluciones propuestas por MacArthur en Corea. Exoneran un poco la decisión de Truman y le ofrecen al lector una idea de cómo sería una política coreana impulsada por MacArthur.

Los jefes de estado mayor conjunto (JCS, por sus siglas en inglés) que escucharon las audiencias en el Senado no estaban convencidos por los llamamientos de MacArthur para ampliar la guerra. Omar Bradley, el presidente del JCS y un militar mismo, condenó la estrategia de MacArthur de poner a los Estados Unidos en "la guerra equivocada, en el lugar equivocado, en el momento equivocado y con el enemigo equivocado[clv]".

Una mirada a la situación militar en Corea en el invierno y la primavera de 1950 y 1951 muestra por qué la estrategia de MacArthur fue equivocada. Había 35 divisiones soviéticas activas en el Lejano Oriente, que consistían en unas 500.000 tropas y 85 submarinos en total[clvi]. Si se movilizara la fuerza rusa contra el enemigo estadounidense, sería imposible obtener suministros de las bases estadounidenses en Japón a la península de Corea, más allá de los submarinos soviéticos y la Fuerza Aérea. Si la fuerza terrestre de medio millón de tropas entrara en la península, habría sido imposible evacuar a las tropas estadounidenses que ya estaban en Corea.

Mientras que los Estados Unidos estaban atrapados en Corea en el paralelo 38°, no había ninguna razón para que estas fuerzas soviéticas intervinieran; sin embargo, si la campaña de bombardeos se extendía a China, o si las fuerzas de los Estados Unidos obtuvieran la ventaja y empujaran a los chinos a Manchuria, no había garantías de que los soviéticos no entraran en el conflicto. Después de que los chinos los tomaran por sorpresa con su entrada en el conflicto, el gobierno de los Estados Unidos ya no tenía confianza en la promesa de Stalin de mantenerse fuera de Corea.

El otro problema con el llamado de MacArthur para una extensión de la guerra, fue que los Estados Unidos tenían muy pocas fuerzas para escalar la guerra. Según Hoyt Vandenberg, el jefe de personal de la Fuerza Aérea, el 80-85%[clvii] de la Fuerza Aérea ya estaba en Corea. Aparte de la decisión de bombardear objetivos chinos que podrían causar una escalada del teatro de guerra, también estiraría las capacidades de la Fuerza Aérea de los EE. UU. en ese momento. Vandenberg nunca lo divulgaría públicamente, pero en las

Audiencias del Senado luego de la destitución de MacArthur, calificó a la Fuerza Aérea de los Estados Unidos como una "fuerza muy reducida"[clviii].

Otra de las quejas que MacArthur tenía con la decisión de Truman de mantener una guerra limitada era que creía que los chinos estaban operando a su capacidad de batalla total e ilimitada, y la decisión de Truman de limitar la guerra estaba atando las manos de los estadounidenses y causando una pérdida innecesaria de la vida estadounidense[clix]. La evidencia también muestra que él estaba en un error en este tema también. Fue precisamente la decisión de China de limitar sus fuerzas lo que condujo a la preservación de más vidas estadounidenses. Los chinos tenían 26 divisiones de aviación disponibles durante la Guerra de Corea[clx], sin embargo, no habían utilizado sus capacidades aéreas contra las fuerzas terrestres o las líneas de comunicación de los Estados Unidos. Si los Estados Unidos extendieran su guerra aérea a China, indudablemente los chinos tomarían represalias al escalar su propia guerra en el aire, y muy probablemente con el apoyo aéreo soviético. Esto probablemente anularía cualquier ventaja obtenida del bombardeo de objetivos chinos[clxi]. En realidad, es muy probable que, al mantener una guerra limitada, las condiciones realmente favorecían a los estadounidenses, ya que utilizaban sus capacidades aéreas en Corea del Norte mientras que los chinos no utilizaban las suyas por completo. Esta opinión fue compartida por el Jefe de Estado Mayor del Ejército, J. Lawton Collins. Cuando MacArthur defendió por primera vez el bombardeo de China, las fuerzas terrestres estadounidenses se dispersaron por todo Corea del Norte[clxii]. Si los chinos los hubieran bombardeado entonces, el décimo cuerpo habría sido bloqueado en Hungnam y cualquier operación para evacuarlos habría sido difícil bajo el bombardeo aéreo chino y soviético.

La estrategia final de MacArthur fue el llamamiento para que el Ejército Nacionalista Chino de Taiwán se enfrentara a los comunistas chinos en Corea del Norte. La audiencia del Senado también se mostró escéptica de esta decisión. Los nacionalistas chinos ya habían caído ante los comunistas chinos una vez durante la Guerra Civil China, ¿por qué su suerte sería una lucha diferente en un país extranjero sin apoyo público? La audiencia del Senado concluyó que cualquier uso de los nacionalistas chinos en Corea debilitaría la posición de los Estados Unidos, no la fortalecería. Omar Bradley dijo acerca de las fuerzas de Chiang Kai-shek: "su liderazgo es pobre, su equipo es pobre y su entrenamiento es pobre[clxiii]". Habrían ofrecido poco en el camino de una ventaja a las fuerzas estadounidenses mejor entrenadas que ya combatían en la península.

Había una razón más para la decisión de Truman de eliminar a MacArthur. Esto dependía de la capacidad de Truman para confiar en MacArthur en una situación en la que los Estados Unidos podría recurrir a las armas atómicas. En marzo de 1951, MacArthur le pidió a Truman una autorización atómica completa para mantener la supremacía estadounidense en la Guerra de Corea[clxiv]. Los JCS también estaban considerando el uso de armas atómicas si los chinos enviaban significativamente más tropas al conflicto y empujaban a las fuerzas aliadas hacia Pusan, como había hecho el verano anterior. Truman incluso estuvo tan cerca como para ordenar el traslado de las bombas atómicas Mark IV a la custodia militar el 6 de abril[clxv], pero afortunadamente los chinos no optaron por reforzar sus números. Con el enfoque agresivo de MacArthur a la guerra y la sed de escalada, Truman sabía que, si se desplegaban armas atómicas, querría un general en el que pudiera confiar para ejercer extrema precaución y tacto. MacArthur no era tal general.

Explorar las implicaciones de la estrategia coreana de MacArthur muestra que indudablemente habría conducido a una mayor pérdida de vidas estadounidenses, ua escalada de la guerra y, potencialmente, una destrucción mutua asegurada en la forma de un escenario de la Segunda Guerra Mundial. Aunque impopular en ese momento, la retrospectiva y los documentos desclasificados que rodean las siguientes Audiencias del Senado muestran el tacto y la inteligencia de Truman para reemplazar a MacArthur como jefe de las fuerzas aliadas. Lo reemplazó con Matthew Ridgway, quien se había demostrado en el campo de batalla después de liderar la campaña para retomar Seúl, y Truman lo vio mucho más alineado con su propia estrategia para Corea. También era una opción mucho más segura en el caso del despliegue de armas atómicas, una perspectiva que estuvo sobre la mesa durante las siguientes negociaciones de alto el fuego.

Con eso, MacArthur, el héroe de guerra una vez alabado, fue eliminado del mando. El hombre que casi sin ayuda había revertido la marea de la guerra a través de su desembarco en Inchon ya no era el hombre al mando cuando la guerra entró en una nueva fase. La siguiente batalla duró dos años y fue una de las más difíciles de la guerra, pero a diferencia de las batallas anteriores, esto se llevaría a cabo alrededor de una mesa de negociaciones.

Capítulo 8 - El cese al fuego sangriento y la bomba que se avecina

La siguiente fase de la guerra comenzó en junio de 1951. El representante de la Unión Soviética en la ONU presentó una propuesta para que comenzaran las discusiones sobre el alto al fuego entre las partes involucradas en el conflicto coreano. Truman aceptó y eligió enviar al vicealmirante Charles Turner Joy para representar los intereses de la ONU. El teniente general Nam Il representaría a los comunistas norcoreanos[clxvi] y las conversaciones comenzaron el 10 de julio en la antigua capital coreana de Kaesong, en el sur de la península en el paralelo 38°.

La larga discusión

Las conversaciones de paz no comenzaron sin problemas. Syngman Rhee se negó a aceptar cualquier armisticio y la península permaneció dividida[clxvii]. Las conversaciones iniciales fueron sometidas a frecuentes suspensiones. Ninguna de las partes pudo ponerse de acuerdo sobre la ubicación de las líneas de demarcación, el curso de acción para los prisioneros de guerra o incluso la ubicación de las conversaciones de paz, y las conversaciones se trasladaron a Panmunjom en el norte de la península poco después de comenzar.

El problema era que ya no había una sed real de llevar el conflicto a una resolución rápida. Con las líneas del campo de batalla estables, ninguna de las partes sufrió pérdidas de vidas a gran escala. La guerra podría haber terminado en 1951 una vez que se asumieron las posiciones alrededor del paralelo 38°, pero se prolongaría durante otros dos años antes de que se alcanzara cualquier aspecto de paz.

Parte del problema era que la Unión Soviética no deseaba la paz en Corea. La Guerra Fría en Europa se estaba calentando y Stalin quería mantener la atención estadounidense en Asia.[clxviii] Sin embargo, no fue solo la presión soviética sobre China para mantener la guerra lo que hizo que las negociaciones se prolongaran. Truman se estaba preparando para una elección general en 1952, y no quería parecer blando con el comunismo. Truman tuvo que presionar por las condiciones más favorables para los estadounidenses o habría sido crucificado en las elecciones[clxix]. Como resultado, el armisticio tendría que esperar hasta que Eisenhower asumiera la presidencia, quien tendría un mandato más fuerte y podría permitirse ser un poco más conciliador en las negociaciones. Estas razones, junto con el desprecio de Syngman Rhee por las negociaciones y sus intentos de socavarlos liberando arbitrariamente a los prisioneros de guerra para cambiar las condiciones de la situación[clxx], no es de extrañar que se tomaran tanto tiempo como lo hicieron, e increíble que un alto el fuego significativo pudiese no ser acordado en absoluto.

El problema del prisionero de guerra

Cuando comenzaron las negociaciones, uno de los puntos conflictivos fue la cuestión de qué hacer con los prisioneros de guerra de ambos lados. Muchos de los prisioneros chinos y norcoreanos detenidos en Corea del Sur habían expresado su renuencia a regresar a sus hogares. Los Estados Unidos estimaron que hasta 116.000 de los 132.000 prisioneros de guerra chinos y norcoreanos no querían regresar a sus países de origen[clxxi].

Esta estimación resultó ser muy inflada. Pero esto no impidió que el presidente Truman insistiera en la condición de que se les permitiera a los prisioneros de guerra elegir si regresarían a casa o se instalarían en su país anfitrión[clxxii]. Él creía que esta era una oportunidad para socavar a los gobiernos comunistas de Corea del Norte y China en el escenario mundial. Sin embargo, varios miembros de alto rango de su administración se opusieron con vehemencia a esta condición, incluido Charles Turner Joy. Temían que los comunistas usarían esto como una excusa para aferrar a los prisioneros estadounidenses o usarlos para infiltrarse en la República de Corea y los EE.UU. con simpatizantes comunistas.

Mao también estaba en contra de esta condición. Temía que Chiang Kai-shek estuviera usando esto como una estrategia para adoctrinar a las tropas chinas y expandir su base de poder nacionalista. Después de que Estados Unidos realizara una encuesta entre los prisioneros de guerra, parecía que Mao tenía razón en preocuparse. Dieciséis mil de los 21.000 prisioneros chinos en Corea del Sur dijeron que no querían regresar a sus hogares en la República Popular China, mucho más que entre los prisioneros KPA[clxxiii].

Con Truman insistiendo en la inclusión de la condición y Mao tan ferozmente en contra de ella, el tema de los prisioneros de guerra se convirtió en una grave fuente de demora en las negociaciones de alto al fuego.

Ambas partes desconfiaban tanto de la otra sobre el tema de los prisioneros de guerra que, incluso después de que se llegara a un acuerdo en junio de 1953 y se devolviera a los prisioneros ROKA, el gobierno de Syngman Rhee los sometió a otros seis meses de reeducación política antes de que pudieran regresar a casa con sus familias en Corea del Sur[clxxiv]. Temía que hubieran sido adoctrinados por los comunistas y enviados de vuelta para causar disturbios en Corea del Sur.

Truman, Eisenhower y la amenaza de aniquilación nuclear

John Foster Dulles, el Secretario de Estado de los EE. UU., Bajo Eisenhower, se mantuvo firme en la decisión de la administración de Eisenhower de amenazar la expansión de la guerra a incluir las armas nucleares que trajeron la paz a la península[clxxv]. Sin embargo, existe evidencia significativa que sugiere que esto obstaculizó las negociaciones en lugar de acelerarlas.

Las armas nucleares se consideraron por primera vez desde noviembre de 1950[clxxvi], cuando Truman emitió una declaración pública que sugería que la opción nuclear estaba sobre la mesa. Esto no solo no impidió que los chinos entraran en la guerra, sino que también falló en impedir que persiguieran a las fuerzas estadounidenses que se retiraban hacia el sur de la península y tomar Seúl.

Cada vez que había amenazas de destrucción nuclear, los chinos respondían de manera más desafiante contra las condiciones estadounidenses en las negociaciones. En 1952, mientras Truman intentaba frenéticamente negociar condiciones favorables de alto al fuego para darle impulso a las elecciones, lanzó un ultimátum a los chinos. O bien aceptaban el último paquete que detallaba las condiciones para la liberación de los pricioneros de guerra (POW) o podrían esperar una lluvia de bombas y ruinas del aire. En ese momento, el primer ministro indio, Nehru, estaba en el proceso de construir un paquete de prisioneros de guerra que parecía esperanzador tanto para los chinos como para los estadounidenses, pero una vez que se dio el ultimátum, los chinos rechazaron el paquete por completo[clxxvii].

Cuando Truman perdió las elecciones presidenciales de 1952 y Eisenhower estaba haciendo los preparativos para ingresar a la Casa Blanca en enero de 1953, visitó Corea. Fue durante este viaje que formuló su enfoque diplomático. Cuando regresó de Corea en diciembre de 1952, Eisenhower decidió que su estrategia de Corea abarcaría dos líneas de acción fundamentales. La primera fue que no toleraría más retrasos en las conversaciones de paz. La segunda fue el único plan militar que apoyaría para poner fin al estancamiento diplomático y que fuese mediante el despliegue de armas nucleares[clxxviii].

Una vez inaugurado en enero de 1953, Eisenhower aumentó las pruebas atómicas en un gesto para mostrar a China el alcance de las capacidades aéreas de los EE. UU[clxxix]. Sin embargo, una vez más, esto hizo que China se alejara de un armisticio. En respuesta al enfoque alcista de Eisenhower, en febrero, el PCCh envió a un destacado científico nuclear a Moscú y apeló a Stalin para que tomara represalias nucleares inmediatas en caso de un ataque nuclear contra China desde los EE. UU. La respuesta que recibieron nunca fue revelada, pero la Unión Soviética ciertamente nunca descartó públicamente esto o contradijo a Mao al respecto[clxxx]. Este llamamiento a puerta cerrada a Stalin fue apoyado por una declaración pública de Zhou Enlai el 4 de febrero de que China pelearía si Eisenhower deseara intensificar la guerra[clxxxi]. Los medios chinos también indican la creencia generalizada de que las amenazas de Eisenhower no eran más que una embestida política, como lo había sido antes Truman.

Cuanto más ruido hacía Eisenhower, más decidida estaba China; mantendría la línea en el paralelo 38 y no se le empujaría a la mesa de negociaciones. Estados Unidos se vio obligado a hacer concesiones cuando las amenazas nucleares se encontraban en todo su apogeo. En febrero, Eisenhower lanzó cien toneladas de artillería sobre Corea del Norte, el bombardeo más intenso que el país había recibido en más de un año. Parece que después de esto hubo algo de progreso, ya que, en marzo, Zhou Enlai hizo la concesión de que cualquier prisionero de guerra chino que no quisiera regresar a China podría ser transferido a un estado neutral. Se trataba de un progreso serio en la cuestión de los prisioneros de guerra, que había plagado las negociaciones desde 1951. Luego, el 20 de mayo, el Consejo de Seguridad Nacional recomendó públicamente el uso de armas atómicas y los chinos, una vez más, rechazaron estas propuestas y obligaron a Estados Unidos a abandonar la cláusula para avanzar en las negociaciones[clxxxii].

El problema era que las amenazas de Eisenhower eran transparentes. Seguía realizando amenazas nucleares casi dos años después de que Truman hubiera tomado la decisión de iniciar negociaciones de paz. Con las ruedas de la paz en movimiento, los chinos sabían que los Estados Unidos no tendrían nada que ganar al escalar la guerra una vez más[clxxxiii]. Mao también era muy consciente de que los Estados Unidos nunca se sentarían a las negociaciones de paz a menos que los chinos ya hubieran afirmado su dominio en el campo de batalla. También había que pensar en los objetivos del aliado más cercano de los Estados Unidos, el gobierno británico. Los británicos confiaron en el comercio con China para mantener su colonia de Hong Kong. El uso de armas atómicas contra China condujo a relaciones tensas con los británicos, que habían ayudado a la campaña estadounidense en Corea y habían demostrado ser aliados útiles[clxxxiv].

A medida que avanzaban las negociaciones, Eisenhower intentó llevar a Syngman Rhee a bordo para intentar acelerar el proceso. Le ofreció al líder de Corea del Sur beneficios significativos en la forma de un acuerdo de defensa de posguerra y prometió desbloquear más ayuda de posguerra para los surcoreanos, pero Rhee todavía se negaba a ser parte de un acuerdo de armisticio[clxxxv]. En junio de 1953, como un armisticio parecía inevitable, Rhee una vez más intentó sabotear el proceso liberando a 25.000 prisioneros de guerra. De acuerdo con la política de tolerancia cero de Eisenhower ante retrasos innecesarios, elaboró la "Operación Everready"[clxxxvi] que implicó la remoción de Rhee en un golpe de estado, en caso de que volviese a realizar un truco similar. Afortunadamente para Rhee, nunca se dio la orden de llevar a cabo el golpe.

Después de dos ofensivas comunistas fallidas en junio, los tres partidos en negociaciones llegaron a un acuerdo de armisticio. El 27 de junio, las partes china, norteamericana y norcoreana acordaron la instalación de una zona de amortiguación de 2.5 millas a lo largo del paralelo 38° y la península se dividió en la línea de demarcación que aún se mantiene hasta el día de hoy[clxxxvii]. Más de dos años de negociaciones llegaron a su fin. Sin embargo, no se llegó a un acuerdo formal de paz y el gobierno de Corea del Sur nunca estuvo de acuerdo con el alto al fuego, por lo que técnicamente la guerra de Corea todavía seguía en curso.

Capítulo 9 - El legado de la guerra de Corea

El conflicto de Corea reunió un total de alrededor de 4 millones de víctimas, de las cuales al menos la mitad provino de civiles. En el siglo XX, solo la Primera y la Segunda Guerra Mundial cobraron más vidas que el conflicto coreano[clxxxviii]. A pesar de esto, y de los 36.940 soldados estadounidenses asesinados[clxxxix], la Guerra de Corea es a menudo olvidada en la narrativa estadounidense del siglo XX. Este periodo, intercalado entre la Segunda Guerra Mundial y la Guerra de Vietnam, a menudo se pasa por alto. Sin embargo, la Guerra de Corea forjó el paisaje de la península coreana de hoy en día y estableció el tono de cómo los Estados Unidos lidiarían con la expansión comunista en todo el mundo.

Parte de la razón por la cual el conflicto es tan a menudo pasado por alto en Occidente, es que la guerra generalmente se recuerda por el impacto en la situación interior de la nación[cxc]. La guerra de Vietnam es a menudo recordada por su impacto en el movimiento por los derechos civiles y las protestas y debates públicos especialmente acalorados. En comparación, a menudo se considera que la Guerra de Corea tiene un impacto relativamente limitado en la política nacional en los EE. UU., pero esto no podría estar más lejos de la verdad.

Conformando la política de la Guerra Fría de los Estados Unidos

El impacto del conflicto coreano en la política exterior de los Estados Unidos no puede ser exagerado. El conflicto representó el nacimiento de la política estadounidense de contención militarizada que permanecería con ellos durante la mayor parte del período de la Guerra Fría[cxci]. La idea de Truman de que el despliegue del ejército estadounidense era esencial para evitar la propagación del comunismo se aplicó a Vietnam en los años 50 y 60, luego nuevamente contra Cuba en la invasión de Bahía de Cochinos y dictó el tono durante la mayor parte de la Guerra Fría.

Las relaciones chino-estadounidenses habían cambiado irreversiblemente a raíz de la guerra de Corea. Al comienzo de la Guerra de Corea, Truman usó el conflicto para calzarse en una nueva política estadounidense hacia China. La séptima flota fue enviada al estrecho de Taiwán para proteger a Taiwán y evitar la toma de la isla por parte de Mao[cxcii]. Esto pondría las relaciones chino-estadounidenses en el hielo durante los próximos 20 años hasta que se descongelaran bajo la administración de Nixon en los años 70. La independencia de Taiwán sigue siendo una fuente de controversia en toda China hoy. La decisión de Truman de asegurarla ha tenido un efecto marcado en la historia de la China moderna.

La Guerra de Corea fue la primera prueba real de bipartidismo y resolución de la ONU. El boicot de la Unión Soviética al Consejo de Seguridad de la ONU de votos sobre la intervención en Corea significó que Estados Unidos podría emprender una campaña contra el comunismo en Corea bajo la bandera de la ONU. Sin embargo, a raíz de la decisión de intervenir, los Estados Unidos eran muy conscientes de su buena fortuna y entendieron que, si la Unión Soviética hubiera utilizado su veto, se les habría negado la aprobación de la ONU. Como resultado, en octubre de 1950, se aprobó la Resolución "Unidos por la paz"[cxciii]. Esto permitió a la

Asamblea General pedir a los estados miembros que formaran una unión para detener la agresión, incluso si los estados comunistas en el Consejo de Seguridad ejercían su derecho de veto a la intervención. Esto cambió la forma en que funcionaba la ONU, y aún se mantiene hasta el día de hoy, desviando parte del poder del Consejo de Seguridad a la Asamblea General.

Antes de la Guerra de Corea, los objetivos de la política exterior estadounidense no siempre estaban en línea con sus capacidades militares. Esto fue expresado de manera más aguda por la insistencia de MacArthur en expandir la guerra, a pesar de las capacidades aéreas y militares que les impedían hacerlo efectivamente. Tras la invasión china y la destrucción de las dos columnas de infantería de MacArthur, la guerra sirvió para alinear los objetivos de la política exterior de Estados Unidos con las capacidades estadounidenses[cxciv].

Esto se logró mediante un cambio completo en la política militar de los Estados Unidos y un aumento dramático en el financiamiento militar durante la Guerra de Corea y en los años siguientes. El NSC-68 se presentó por primera vez a Truman en abril de 1950, antes del estallido de la guerra. La recomendación requería que Truman aumentara enormemente el gasto estadounidense en la procuración militar en respuesta a que la Unión Soviética desarrollara la bomba atómica en 1949. Aunque Truman aceptó desarrollar la bomba de hidrógeno en enero de 1950, se negó a respaldar la inversión militar expansiva que el NSC-68 estaba pidiendo[cxcv].

Después de que estalló la guerra y las fuerzas estadounidenses se retiraran, Truman dio su autorización a la recomendación. Cuadruplicó el presupuesto de defensa de los Estados Unidos, incrementándolo de $ 13 mil millones en junio de 1950 a $ 50 mil millones a finales de 1951, después de que China cruzara el Yalu y aplastara las fuerzas estadounidenses[cxcvi]. Esto afectó a la economía de los EE. UU. y obligó a Truman y Eisenhower a implementar varias de las políticas económicas que definieron la economía de los EE. UU. del siglo XX. El salario obligatorio se introdujo, al igual que los controles de precios y créditos, y los contratos entre empresas militares privadas y que el gobierno de los Estados Unidos explotó[cxcvii]. El gobierno de los EE. UU. se involucró mucho más en la regulación de la economía de los EE. UU., sentando un precedente que permanecería hasta la administración de Reagan en los años 80, cuando prevaleció el neoliberalismo.

La Guerra de Corea también influyó en los Estados Unidos en un nivel más profundo que la política del gobierno. Alteró la relación entre el presidente y el Congreso. Durante la Guerra de Corea, Truman pudo comprometer al Ejército de los Estados Unidos a una guerra a gran escala en territorio extranjero sin un mandato del Congreso. Esta idea de una "presidencia imperial[cxcviii]" fue introducida. Truman había establecido un precedente por el cual el presidente podía pasar por alto el Congreso y comprometer a los militares de los Estados Unidos a la guerra bajo la cobertura de una amenaza a la seguridad nacional. Lyndon B. Johnson continuaría haciendo lo mismo en Vietnam para comprometer a Estados Unidos en una guerra allí unos años más tarde.

Lecciones olvidadas

Había otras lecciones que tomar de Corea. Las negociaciones de paz y la decisión de cruzar el paralelo 38° en las semanas posteriores al aterrizaje de Inchon demostraron que entrar en un conflicto sin un plan de salida o un objetivo claro para el éxito era una receta para el desastre. Sin embargo, los EE. UU. volverían a cometer los mismos errores en Vietnam, Filipinas, Alemania y, más recientemente, en Afganistán e Irak. Entrar en una guerra es fácil: salir de ella es la parte difícil. Los Estados Unidos seguirían entrando en conflictos de los que no podrían salir a lo largo de los siglos veinte y veintiuno. Increíblemente, más de 30.000 soldados[cxcix] aún están acuartelados en Corea del Sur, sesenta y cuatro años después del final de la Guerra de Corea.

El combate de estilo guerrillero de Corea del Norte causó problemas reales a las fuerzas aliadas en el verano de 1950 y las fuerzas comunistas, mucho más pequeñas, empujaron a los EE. UU. de regreso al perímetro de Pusan gracias a su disciplina y estrategias de guerrilla difíciles. Los vietnamitas adoptarían estrategias similares en la Guerra de Vietnam unos años más tarde, con el mismo nivel de éxito, lo que indica que los militares de los Estados Unidos todavía no habían desarrollado una estrategia militar coherente para enfrentar el combate de estilo guerrillero[cc]. Todo el manejo de la guerra de Vietnam demostraría que los militares de los Estados Unidos tenían poca memoria. Desde los paralelos de William Westmoreland hasta Douglas MacArthur, hasta los ecos de Nixon sobre las amenazas nucleares de Eisenhower. Si los militares de los Estados Unidos hubieran aprendido de su conducta en Corea, habrían evitado muchos de los escollos en los que más tarde caerían en Vietnam.

Una guerra coreana por un futuro coreano

Aunque la guerra fue de suma importancia para la política de los Estados Unidos a lo largo del siglo XX, debe recordarse que la guerra de Corea fue una guerra civil entre la población coreana, peleada por los coreanos, por el futuro de la península.

La pérdida de vidas en toda Corea fue catastrófica. Corea del Sur reportó 415.004 muertes con 1.312.836 heridos al final del conflicto. En el lado comunista, las bajas norcoreanas alcanzaron los dos millones, con un millón de civiles heridos, 520.000 soldados norcoreanos muertos y 900.000 muertes chinas[cci].

Kim y Rhee terminaron el conflicto más poderoso que antes. Kim se había probado en la guerra y la mayoría de sus rivales políticos habían muerto durante el conflicto, mientras que Rhee había protegido al Sur de una invasión china[ccii]. En todo caso, las divisiones entre las dos Coreas se profundizaron política y geográficamente, ya que la zona de amortiguamiento selló el destino del paisaje coreano e impidió que se produjera contacto entre los dos lados.

Esta línea de demarcación a lo largo del paralelo 38° y las implicaciones para el futuro de Corea es el mayor legado de la

Guerra de Corea. No solo dividió la geografía de la península, sino que también dividió a la población nacional y sus familias. Diez millones de personas[cciii] aún viven en el Sur y no saben si los miembros de su familia que viven en el Norte siguen vivos. No han tenido contacto con ellos desde el final de la guerra.

La Guerra de Corea no fue solo una guerra de poder para los Estados Unidos y la Unión Soviética, como se menciona a menudo en Occidente. Era la lucha de un pueblo nacional por una revolución. La comprensión del conflicto coreano es esencial para entender la península coreana hoy. Los medios de comunicación estatales de Corea del Norte continúan arrojando declaraciones virulentas diariamente sobre los políticos surcoreanos y su relación con los Estados Unidos[cciv]. El gobierno de Corea del Sur continúa organizando ejercicios militares conjuntos con los militares de EE. UU. anualmente. La Guerra de Corea es la lente a través de la cual deben verse todas las relaciones en la península hoy.

Las negociaciones se produjeron entre las dos Coreas en la década de 1970, 1984 y luego nuevamente en 1990, pero ninguna vez hubo acuerdo para las nociones de reconciliación. Ambos lados aún miran al otro con sospecha y las viejas heridas aún están por sanar. Sin embargo, estas heridas no se curarán solas y, al avanzar, la comunicación abierta es esencial para evitar otro estallido de hostilidades y para traer la llegada de cualquier tipo de cooperación en la península.

Corea aún tiene un largo camino por recorrer para reparar la angustia que se siente en la península. La Guerra de Corea es una historia de separación, desde separación familiar, separación política, separación nacional, hasta la separación geográfica. Tanto los líderes de Corea del Norte como los de Corea del Sur tenían el objetivo de lograr una península coreana unificada, pero sesenta y cuatro años más tarde y el último legado de la guerra no podrían estar más lejos de la unificación.

Conclusión

En la tradición coreana, los postes de los guardianes de *Changsung* se erigieron en la entrada de pueblos y caminos para proteger a los aldeanos contra los espíritus malignos. Todavía hoy ensucian el paisaje rural coreano. Los aspectos intrincadamente tallados e intimidantes grabados en la madera apelan a las fuerzas espirituales para su protección y seguridad. Están adornados para simbolizar los espíritus masculinos y femeninos, representando un equilibrio entre el género y el bien contra el mal.

La dicotomía de *Changsung* es algo esencialmente coreano. La guerra de Corea no es una excepción. La península cayó bajo dos ideologías políticas competitivas muy diferentes, respaldadas por dos superpotencias mundiales. Incluso el gobierno norcoreano en el exilio tenía dos componentes: el gobierno provisional en China y los exiliados soviéticos de Kim. El balance que Kim equilibró entre Mao y Stalin llevó a buen término la guerra. Estas dicotomías dictaron la marea y el orden del conflicto y mantuvieron un dominio casi místico sobre la península.

El legado de la Guerra de Corea se ha sentido más profundamente en las relaciones: las relaciones entre el norte y el sur; la relación entre el norte y China, que continúa apareciendo en los medios de comunicación a medida que Pekín continúa burlando las sanciones impuestas por la ONU a Corea del Norte; a nivel familiar, las relaciones entre los miembros de la familia que viven en el norte de la península y los que viven en el sur fueron destruidas irrevocablemente y el contacto se cortó para las generaciones venideras.

La guerra no solo fue una de las más destructivas físicamente del siglo XX, sino que también alteró irreversiblemente la identidad nacional coreana. Si los Estados Unidos nunca se hubiera involucrado, Corea podría haber sido capaz de preservar estas relaciones y su identidad nacional anterior a 1945. Habrían tenido su Guerra Civil y una ideología política podría haber envuelto a la otra y la situación podría haberse resuelto. Lo que hace de Corea una de las guerras más tristes del siglo XX es que no resolvió nada. El paralelo 38° sigue en pie hoy en día y la inmensa pérdida de vidas no alteró la posición geográfica o política de la península.

A pesar de la tragedia y la destrucción que la guerra produjo y las relaciones que destruyó, hay algunas historias de inmenso amor y reconciliación que derivaron de la Guerra de Corea. La ciudad de Kurim es una de esas historias.

Kurim era una pequeña ciudad en el suroeste del país. Durante la Guerra de Corea, la población tomó horcas y azadones y se atacaron unos a otros, con algunos de la población de la ciudad simpatizando con los comunistas y otros que apoyaban al gobierno de Rhee. Más de 300 personas murieron en las escaramuzas, dejando a casi todos los hogares del pueblo afectados y en duelo. Después de la guerra, las condiciones eran propicias para la venganza y un caldo de cultivo de hostilidad. Sin embargo, el pueblo se negó a permitir que un aire de venganza y agitación prevaleciera. En 2006, el pueblo publicó una historia completa de Kumin. Aunque enumeraron a los que murieron en los conflictos, se negaron a imprimir cualquier información en alusión a quién había matado a quién en el conflicto. Los ancianos de la aldea decidieron que la mejor manera de avanzar la ciudad era mantener los detalles de quién fue el responsable de los asesinatos en secreto.

Estos pequeños actos de reconciliación pueden un día convertirse en una bola de nieve de reconciliación a gran escala. Pero, por el momento, las relaciones en la península coreana continúan atormentadas por los fantasmas de la guerra, y no muestran signos de complicidad.

Segunda Parte: La Guerra de Vietnam

Una fascinante guía de la Segunda Guerra de Indochina

Introducción

La Guerra de Vietnam representó un hito no solo en la historia estadounidense y Vietnamita, sino también a nivel internacional. No fue solo una batalla entre dos naciones, sino entre dos ideologías, dos estrategias militares y una lucha por los corazones y las mentes de dos poblaciones nacionales muy diferentes.

Para los americanos, representó a hombres jóvenes de su nación defendiendo los derechos democráticos de una población extranjera en contra de una ideología peligrosa y corruptiva. Para Vietnam del Norte, representó una lucha nacionalista para unificar a su país, el cual había sido reprimido por el colonialismo y luego dividido por otra potencia extranjera.

Henry Kissinger afirmó en 1969: "me niego a pensar que un poder de cuarta categoría como Vietnam del Norte no tenga que rendirse en algún momento". A pesar de estar comprometido con Vietnam desde 1945, el gobierno americano no logró entender la naturaleza de la guerra en la que los americanos estuvieron involucrados 24 años después. Esto resume la participación americana en Vietnam. Los gruesos brochazos de estamento militar americano no se pudieron traducir a la pintura de Vietnam, que requería de detalles más finos.

Los vietnamitas estaban acostumbrados a pelear con enemigos extranjeros mucho antes de que las tropas de E.E.U.U. llegaran a Da Nang. El nacionalismo vietnamita había germinado bajo la ocupación foránea desde el 40 a.C. La idea de pelear en una guerra ilimitada con cada gota de sangre y ápice de recurso que la población pudiese dar, no era extraña para los vietnamitas, un concepto que el gobierno americano no podía entender.

Pocos conflictos en la historia global simbolizan tanto como Vietnam. Desde la movilización de los derechos civiles hasta el papel que jugaron los medios de comunicación en el campo de guerra, la Guerra de Vietnam fue única en el sentido de que no pudo ser concebida como un asunto exclusivamente militar, sino que trascendió a todas las áreas de la sociedad vietnamita y americana. La palabra "Vietnam" describe una era de la historia, no solo una guerra aislada en una pequeña nación en el Sureste de Asia. Es la lente a través de la cual la América y el Vietnam de hoy deben ser interpretados. Pocos conflictos han dado forma o darán forma al mundo tanto como lo hizo la Guerra de Vietnam.

Capítulo 1 – Los franceses y la Primera Guerra de Indochina

La historia de Vietnam es una historia de invasiones, emancipación y lucha nacional. Desde 1428, cuando los vietnamitas aseguraron su independencia de los invasores Chinos, hasta la Guerra de Vietnam en 1975, el país se ha visto plagado de conflictos internos. Desde familias rivales y facciones a fuerzas coloniales, hasta la fuerza militar más poderosa del planeta, el tejido del país fue destruido por el derramamiento de sangre de la guerra. Pero los vietnamitas han pasado por todo, dejando su identidad nacional intacta y manteniéndose como una nación fuerte y unificada.

A finales del siglo XVIII, dos familias se encontraban enfrentadas en una amarga y sangrienta lucha de poder por el control de Vietnam. La familia Trinh estaba en conflicto abierto con la familia Nguyen, que controlaba la tierra en el Vietnam central y el delta del Mekong. Para obtener ventaja, Nguyen Anh visitó Francia para apelar a la ayuda de Versalles[ccv]. Pero no se imaginaba que estaba invitando a su país a los próximos invasores coloniales.

Con el Imperio británico en pleno auge, el gobierno en Londres estaba cosechando los despojos de sus colonias y abriendo nuevas rutas de comercio para los mercaderes británicos en la India y las Américas. Cuando Nguyen Anh llegó a Versalles, los franceses vieron una oportunidad en Vietnam para explotar sus materias primas y competir económicamente con los británicos[ccvi].

Los franceses se comprometieron a apoyar a Nguyen bajo la premisa de proteger a la población católica de Vietnam. En 1859 los franceses capturaron Saigón y pronto empezaron a tomar el control del país. El emperador vietnamita formalmente cedió ante las fuerzas francesas en 1861, y en 1893 los ocupantes Franceses tenían el control de Laos, Camboya, Cochinchina (actual Vietnam del Sur), Annam (actual Vietnam Central) y Tonkín (Vietnam del norte)[ccvii].

La Vida Bajo el Dominio Francés

Después de siglos de represión China, la identidad nacional vietnamita estaba bien establecida. Para controlar a la población vietnamita los franceses necesitarían manejar a la comunidad vietnamita de forma cuidadosa. Sin embargo, cuando los franceses llegaron en el siglo XIX, cometieron varios errores cruciales.

En vez de asumir el modelo británico llevado a cabo en la India, que gobernó el país a través de instituciones indígenas al preservar la cultura e identidad nacional y regional, los franceses se embarcaron en una política de asimilación[ccviii]. Prohibieron el lenguaje escrito existente basado en caracteres chinos y forzaron a las escuelas a adoptar el lenguaje francés o un nuevo lenguaje romanizado llamado *quocngu*[ccix].

Mientras el gobierno francés mantuvo una apariencia externa de que realmente existía un sistema político vietnamita, reemplazaron oficiales indígenas por oficiales franceses en todos los niveles de gobierno. Los nuevos oficiales franceses asumieron el control del día a día de toda la Indochina invadida, a pesar de que muy pocos de ellos habían obtenido un manejo básico del lenguaje. Incluso el Primer Ministro, Nguyen Van Xuan, que era un ciudadano francés, apenas podía hablar el lenguaje vietnamita local[ccx].

Económicamente, el gobierno colonial hizo poco para mejorar las condiciones de la población indígena. Los franceses se embarcaron en una campaña para establecer a Vietnam como una líder exportadora de arroz. Confiscaron tierras a lo largo del país y se las adjudicaron a los católicos influyentes que apoyaban al régimen colonial. Hacia 1945, Vietnam era el tercer exportador de arroz en el mundo, después de Tailandia y Birmania[ccxi]. En vez de ahorrar los excedentes de arroz cada año para guardarlos como reserva para años futuros marcados por la escasez de cosechas, los franceses exportaron tanto como pudieron. Como resultado, el período colonial estuvo plagado de hambrunas, y la población pobre de Vietnam sufrió enormemente.

Los vietnamitas fueron marginados a los niveles más bajos del gobierno y relegados a trabajos serviles. En 1903, el oficial vietnamita mejor pagado ganaba menos que el burócrata francés con menor pago[ccxii]. Los ocupantes franceses temían que al permitir que se formaran y gobernaran instituciones indígenas, incluso a nivel regional, ello pudiera conllevar a una demanda de más autonomía y amenazaría el establecimiento francés[ccxiii]. Pero, en poco tiempo, su represión y discriminación de la población local causó que su gobierno ya se encontrase bajo amenaza.

Las rebeliones y levantamientos persistentes en respuesta a las medidas políticas y económicas represivas de Francia surgieron casi tan pronto como los franceses llegaron a Vietnam. Pasaron factura a los visitantes europeos e hicieron que gobernar el país fuera una lucha cuesta arriba. Para 1925, los británicos tenían el control total sobre los 300 millones de habitantes de la India con una fuerza de guarnición de solo 5000 soldados y oficiales británicos. Los franceses luchaban por lograr la misma hazaña con el mismo número de tropas y una población de tan solo 30 millones[ccxiv].

En respuesta a las revueltas, el gobierno se volvió más represivo. Detenían arbitrariamente a sospechosos y los retenían durante años sin juicio. También arrasaron pueblos enteros y destruyeron las casas de las familias sospechosas de esconder o ayudar a los rebeldes[ccxv].

Las revueltas fueron en su mayoría descoordinadas y ocurrieron en sectores de todo el país. En el norte, por ejemplo, los budistas atacaron con frecuencia a los católicos vietnamitas, a quienes acusaban de colaborar con los franceses[ccxvi]. Se logró formar un movimiento más coherente bajo el mando del líder rebelde, Pham Dinh Phung. Estableció un ejército guerrillero en la región costera central a finales del siglo XIX. Sin embargo, las autoridades francesas sobornaron a quienes estaban cerca de él para que lo traicionasen, y lograron pacificar en gran medida a la región en 1896 cuando este murió de disentería[ccxvii].

Ho Chi Minh

No se puede realizar ningún estudio sobre el nacimiento del nacionalismo vietnamita sin mencionar a Ho Chi Minh. Ampliamente considerado como el padre de Vietnam, 'El Tío Ho' fue el primer hombre en unir a los grupos rebeldes independientes con el objetivo de derrocar a los franceses.

Nguyen Sinh Cung, mas tarde conocido como Ho Chi Minh, nació en 1890 en el centro de Vietnam, y abandonó el país a los 21 años para convertirse en galeote de un carguero francés[ccxviii]. Sus viajes lo llevarían primero a Londres y luego a Francia, donde comenzó a relacionarse con los comunistas en Europa, que habían comenzado a separarse de los socialistas después de la revolución rusa de 1917[ccxix]. A lo largo de la década de 1920 en París, se obsesionó con el destino de Vietnam, pero su ideología y creencia izquierdista se extendía poco más allá del activismo, los debates políticos y las manifestaciones.

No fue hasta que viajó a Moscú en 1924 cuando su activismo trascendió a la movilización política. En Moscú, se encontró con Stalin y Trotski, pero no quedó impresionado debido a su falta de interés en la lucha de Vietnam[ccxx], por lo que rápidamente se trasladó a China. Ho Chi Minh comenzó a movilizar a estudiantes vietnamitas que estudiaban en el sur de China y formó su primera organización política, el *Thanh Nien Cach Mang Dong Chi Hoi* o la Liga Juvenil Revolucionaria[ccxxi].

La Liga Juvenil escribió tratados políticos y formó células clandestinas para reunir apoyo e interés por la difícil situación de Vietnam bajo los franceses. En junio de 1929, en Hong Kong, Ho organizó una reunión entre los líderes de las diversas facciones comunistas que permanecían en el exilio. Ya que muchos de ellos estaban siendo vigilados de cerca por la policía colonial británica, organizó la reunión en un estadio de fútbol durante un partido para evitar ser detectado. Fue allí donde se formó el primer Partido Comunista de Indochina[ccxxii]. Inicialmente, tenían un objetivo: asegurar la independencia vietnamita.

Los primeros años del partido estuvieron llenos de eventos. Ho fue arrestado por la policía de Hong Kong por sus actividades políticas subversivas, y su abogado, Frank Loseby, tuvo que pactar su liberación. Un médico británico le diagnosticó tuberculosis a Ho y planeó todo para que fuera a Inglaterra a recibir tratamiento. Después de abordar el barco, la policía de Hong Kong consideró que el traslado era una salida ilegal y lo volvió a detener cuando el barco se detuvo en Singapur. Ho fue enviado a la enfermería de la prisión. Pero, de nuevo, planeó su escape. Reclutó a un empleado del hospital para reportarlo como muerto y luego escapó de las instalaciones[ccxxiii]. En ese momento, la prensa mundial se lo creyó; incluso apareció su esquela en los periódicos soviéticos.

La Segunda Guerra Mundial

En 1940, después del estallido de la guerra y la invasión alemana de Francia, las fuerzas francesas se rindieron a sus ocupantes alemanes. Como parte de la rendición, los japoneses se harían cargo de la colonia francesa de Indochina, ya que eran el aliado más cercano a Alemania en la región[ccxxiv].

A pesar de que las tropas japonesas entraron en el país, el Almirante Decoux, del régimen colonial francés, mantuvo el control del gobierno cotidiano de Vietnam[ccxxv]. A los japoneses les pareció bien que las tropas francesas mantuvieran la ley y el orden. Desde su punto de vista, si las tropas francesas se ocupaban de preservar el control de su colonia, no se unirían a las otras fuerzas aliadas que libraban la guerra contra Japón en el Pacífico.

Ho Chi Minh sintió la llamada de la oportunidad en el horizonte y abandonó China para regresar al su país de nacimiento, más de 23 años después de su partida. En 1941, se coló por la frontera entre Vietnam y China disfrazado de periodista[ccxxvi]. Finalmente estaba en casa.

Ho no perdió el tiempo y formó una organización patriótica y nacionalista de trabajadores, soldados, mercaderes y campesinos vietnamitas. Nombró a la organización como el Viet Nam Doc Lap Dong Minh, la Liga de Independencia de Vietnam, que finalmente fue acortada a Viet Minh[ccxxvii].

Los Viet Minh establecieron una zona liberada en el norte donde disfrutaron del apoyo de la gente. Influyeron en el pensamiento político y recibieron el respaldo de los Estados Unidos. Siendo un feroz anticolonialista, Franklin D. Roosevelt entregó equipo militar al Viet Minh a cambio de información sobre los movimientos de las tropas japonesas en el país[ccxxviii]. Los E.E.U.U. incluso enviaron una delegación para encontrarse con Ho Chi Minh y su Viet Minh en la década de 1940.

En la primavera de 1945, los japoneses comenzaron a sospechar que las fuerzas coloniales francesas en Vietnam planeaban unirse a la campaña aliada en Asia. El 9 de marzo de 1945, los japoneses ejecutaron un golpe. Las fuerzas francesas, superadas en número, fueron derrotadas fácilmente, y los japoneses se hicieron cargo del gobierno de Vietnam[ccxxix]. A diferencia de sus predecesores franceses, los japoneses proclamaron al instante que Vietnam era independiente, y permitieron a los vietnamitas establecer su propio cuerpo legislativo y gobierno[ccxxx] bajo el emperador Bao Dai.

En agosto, las noticias difundían que la rendición japonesa en el Pacífico era inminente. El Viet Minh usó esto como una oportunidad para atacar. El 16 de agosto, los comunistas de todo el país intentaron tomar el poder en lo que se denominó la Revolución de Agosto[ccxxxi]. En Hanoi, los comunistas con "pijamas negros", su distintivo su esquela uniforme de color caqui negro, se apoderaron del delegado del emperador. Exigieron que Bao Dai renunciara en su palacio en Hue y, finalmente, sucumbió a sus demandas. Una semana más tarde, Ho Chi Minh declaró a Vietnam independiente de cualquier gobierno ocupante o colonial[ccxxxii].

Después de recibir el apoyo estadounidense bajo Roosevelt antes de la Revolución de Agosto, Ho Chi Minh se mostró optimista acerca de forjar una relación con el gobierno estadounidense. Irónicamente, en aquel momento le confesó a un agente de OSS que le daría la bienvenida a "un millón de soldados estadounidenses... pero no franceses[ccxxxiii]". Palabras que más tarde regresarían para atormentarlo.

Cuando los japoneses se rindieron a las fuerzas aliadas el 2 de septiembre de 1945, la posición del Viet Minh ya no era segura. Los británicos, ansiosos por mantener sus colonias en la India, apoyaron a los franceses en Vietnam. Liberaron a 1400 soldados franceses de la prisión de Saigón y les proporcionaron armas. Al día siguiente, el 22 de septiembre, las tropas lanzaron un ataque contra Saigón[ccxxxiv]. Asaltaron edificios públicos, levantaron la bandera francesa en los tejados, disolvieron el Comité Ejecutivo Provisional en el gobierno y tomaron el control del ayuntamiento.

Habiendo perdido a Saigón y al resto de Cochinchina, Ho se enfrentaba a una situación difícil. Los franceses tenían una fuerza de invasión esperando frente a la costa de Haiphong. Los Estados Unidos y los británicos apoyaban los objetivos coloniales franceses, pero Ho no tenía aliados. La URSS no estaba interesada en ofrecer ningún tipo de apoyo[ccxxxv]. Muy consciente de su situación precaria, Ho intentó hacer un trato con los franceses. El 6 de marzo, cuando los barcos franceses se acercaban al puerto de Haiphong, Ho llegó a un acuerdo con el representante francés, Jean Sainteny. Según el acuerdo de marzo, aceptó la presencia de 15,000 tropas francesas en el norte de Vietnam, y, a cambio, los franceses reconocerían a Vietnam como un estado libre. También organizarían un referéndum para que el pueblo decidiera si deseaba que las tres provincias se reunieran[ccxxxvi].

La situación era precaria. Los franceses no tenía intención de conceder un referéndum a los vietnamitas. Tenían el control de Saigón, pero sabían que Ho todavía gozaba de un amplio apoyo en el sur y podía influir en el resultado del referéndum. A finales de marzo, los franceses aún no habían fijado una fecha para el referéndum, y el Viet Minh reanudó los ataques de la guerrilla contra el ejército colonial en el sur[ccxxxvii].

A medida que los ataques de la guerrilla se intensificaron y los franceses permanecían reacios a ofrecer planes de referéndum más explícitos, Ho viajó a Francia en el verano de 1946 para discutir el acuerdo de marzo. Las dos delegaciones se encontraron cerca de París, en Fontainebleau. Ho les ofreció devolverles Vietnam, pero con la condición de que el país pudiera mantener un gobierno vietnamita autónomo dentro de la Unión Francesa como un estado de federación vinculado a Francia[ccxxxviii].

David Schoenbrun, un periodista estadounidense, le preguntó a Ho cuál sería su siguiente paso si los franceses se negaban a conceder dicha autonomía política a Vietnam. Su respuesta fue: "entonces, lucharemos, por supuesto[ccxxxix]".

El Estallido de la Primera Guerra de Indochina

En Fontainebleau, Ho y su delegación no pudieron cumplir su sueño de unir a Vietnam como nación independiente. Sin embargo, una vez que la delegación se dio por vencida y regresó a su hogar, Ho negoció un "modus vivendi" de alto el fuego a mediados de septiembre[ccxl]. El acuerdo entró en vigor el 30 de octubre e incluyó el establecimiento de comisiones mixtas franco-vietnamitas para supervisar las relaciones económicas y militares.

Las operaciones de la guerrilla en el sur contra las fuerzas francesas cesaron completamente el 30 de octubre, según lo acordado. El rápido cese de hostilidades demostró el control total y extenso que Ho Chi Minh tenía sobre los movimientos en todo el país. Esto solo confirmó a los franceses que la causa de Ho de un Vietnam unido e independiente también era un profundo deseo para la gente del sur. Darles un referéndum provocaría una votación a favor de la unidad y, efectivamente, sería entregar el control del territorio al sur del paralelo 16 a Ho Chi Minh.

Vietnam también fue esencial para una posición global más amplia de Francia. Los franceses sabían que si el Viet Minh lograba asegurar la independencia de su pequeña nación de Vietnam, enviaría un fuerte mensaje a las colonias africanas de Francia que también deseaban la independencia[ccxli]. Los franceses se comprometieron a retener su colonia vietnamita a toda costa.

El 20 de noviembre, un barco de la patrulla de aduanas francesa intentó tomar un barco chino frente a la costa de la ciudad vietnamita de Haiphong. Las autoridades vietnamitas intervinieron para evitar el decomiso, que proporcionó la chispa que los franceses necesitaban para intensificar aún más el conflicto militar con el Viet Minh[ccxlii]. Como represalia, las fuerzas francesas atacaron posiciones estratégicas en Haiphong y, al día siguiente, bombardearon la ciudad con artillería, matando a miles de vietnamitas y allanando el camino para que las tropas francesas retomaran el control de la ciudad.

Incluso frente a esta abierta agresión francesa, Ho todavía esperaba una solución pacífica. Envió telegramas al ministro de Asuntos Exteriores francés, León Blum, en París, pidiendo paz[ccxliii]. Lamentablemente, los telegramas no llegaron hasta el 20 de diciembre, el día después de que estallara la guerra.

En las semanas posteriores a la toma francesa de Haiphong, los funcionarios franceses lanzaron una ofensiva contra los disidentes vietnamitas. En la tercera semana de diciembre, oficiales franceses mataron a varios ciudadanos en Hanoi en nombre de las "represalias" francesas. Temiendo que se repitiera lo que ocurrió en Haiphong, los Tu Ve, las fuerzas de defensa vietnamitas locales, atacaron a las tropas francesas para preservar su ciudad.

En la mañana del 20, el Viet Minh esperaba una represalia francesa en toda regla, por lo que se dio la orden de atacar a los franceses esa noche. Sin embargo, no hubo represalias, y esa tarde la orden fue retirada. Pero en un ambiente de confusión, los franceses se enteraron del ataque planeado previamente y retiraron sus tropas al cuartel de la ciudad. Al ver el movimiento de las fuerzas francesas y su reagrupamiento en los cuarteles, el Viet Minh pensó que esto era una indicio de que los franceses se estaban reagrupando para un ataque y reanudaron sus planes de ataque originales. A las ocho de la noche del 20 de diciembre, el Viet Minh atacó a las fuerzas francesas de forma descoordinada y confusa[ccxliv]. Esta vez, los franceses tomaron represalias y ocuparon edificios públicos críticos. Al terminar la batalla, Hanoi estaba en manos de las fuerzas coloniales.

Tras esto, en medio de una ráfaga de confusión y malentendidos, estallaría una guerra en Indochina que comenzaría con los franceses y terminaría con los estadounidenses, repartida entre tres países de la región, y que abarcaría casi 30 años.

Dien Bien Phu

El movimiento guerrillero Viet Minh causó estragos en las fuerzas francesas en todas las zonas rurales. En los años posteriores al estallido de la guerra, el Viet Minh disfrutó del apoyo de las comunidades rurales, mientras que las fuerzas coloniales francesas controlaban las ciudades[ccxlv].

Fue durante este período de lucha que Washington comenzó a ver cada vez más el conflicto en Vietnam como un asunto comunista en lugar de nacionalista. En 1947, los asesores de Truman comenzaron a sugerir que el ejército vietnamita de Ho Chi Minh era algo más que una fuerza nacionalista. En 1949, el Secretario de Estado, Dean Acheson, estaba seguro de que Ho era "tan nacionalista como comunista[ccxlvi]". Fue en este momento donde comenzó a tomar forma la política estadounidense hacia Vietnam. Al final de la Primera Guerra de Indochina, los Estados Unidos habían proporcionado más de 2600 millones de dólares en ayudas para los franceses, lo que representaba alrededor del 78% del esfuerzo bélico francés[ccxlvii].

Desde 1947, las fuerzas francesas habían estado conversando con el emperador exiliado, Bao Dai, para atraerlo de regreso al trono vietnamita[ccxlviii]. Pero se negó a regresar a Vietnam hasta que los franceses le aseguraran que reconocerían el país como un estado libre e independiente. Para pacificar la situación en Vietnam, los franceses aceptaron sus términos, y el 8 de marzo de 1949 viajó a París para firmar el acuerdo del Elíseo. El acuerdo fue entre dos líderes, el emperador simbólico, Bao Dai, y el presidente simbólico francés, Vincent Auriol. Los franceses acordaron otorgarle la independencia a Vietnam y unir a Conchinchina con el resto del país, sin embargo, retendrían el control de las finanzas, la política militar y la política exterior de Vietnam, en un acuerdo que solo proporcionaba una mera ilusión de independencia[ccxlix]. Ho Chi Minh no solo estaba en contra del acuerdo, sino que vio al gobierno de Bao Dai como ilegítimo y al emperador como un títere francés[ccl].

Pero a Ho Chi Minh no le faltaban seguidores. En 1949, el Partido Comunista Chino de Mao finalizó su revolución china y derrotó a las fuerzas de Chiang Kai-shek, expulsándolas de la China continental. Por lo tanto, a finales de 1949, Mao podía conceder más ayuda a los esfuerzos de guerra del Viet Minh. Proporcionó armas y equipo a las tropas de Ho y Giap, y les ofreció refugios a lo largo de la frontera en China desde donde podían lanzar ataques. También les ofreció la oportunidad de entrenar a sus ejércitos junto con el Ejército Popular Chino[ccli]. En ese momento, las armas en China eran abundantes, ya que los E.E.U.U. habían enviado a las fuerzas de Chiang Kai-shek gran cantidad de equipamiento que se había perdido en la guerra y que ahora estaba en manos de los comunistas chinos.

La búsqueda de la paz por parte de Francia no había funcionado, y con el Viet Minh disfrutando de un mayor apoyo chino, la guerra entró en una nueva etapa peligrosa.

En 1953, los franceses construyeron una fortaleza en el oeste de Tonkín, en Dien Bien Phu[cclii]. La intención era utilizar la ubicación estratégica del oeste de Tonkín como un "punto de amarre" desde el cual lanzar ataques hacia el norte, en la retaguardia del ejército del general Vo Nguyen Giap[ccliii]. Pero la fortaleza estaba relativamente aislada y requería de suministros aéreos. El general Giap vio la oportunidad de obtener ventaja en la guerra y asestar un fuerte golpe a las fuerzas francesas cuando el 13 de marzo de 1954 dirigió sus fuerzas en posición para sitiar la fortaleza. Él describió sus objetivos después: "Decidimos acabar a toda costa con toda la fuerza enemiga en Dien Bien Phu[ccliv]".

Para lograr este objetivo, Giap colocó a 70000 hombres en la fortaleza y a lo largo de las líneas de comunicación. En comparación, los franceses tenían una fuerza de alrededor de 13000, de los cuales la mitad estaban entrenados en combate[cclv]. Inicialmente, Giap desató una "ola humana" en las posiciones francesas, siguiendo las recomendaciones de los chinos, sufriendo grandes pérdidas. Luego, por la tarde, cambió su estrategia. En cambio, el Viet Minh rodeó a los franceses con una red de trincheras y túneles y, lentamente, estranguló a las fuerzas francesas restantes en una batalla de desgaste de guerrilla durante las dos semanas siguientes.

Los Estados Unidos consideraron ofrecer apoyo aéreo a los franceses durante el asedio. Los planes incluían bombarderos B-52 lanzando ataques nocturnos en las posiciones excavadas de Viet Minh. Fue el general Matthew Ridgway quien persuadió a Eisenhower de que era la guerra equivocada en el momento equivocado[cclvi] y podría llevar a otro conflicto directo con China. Los franceses estaban decepcionados, pero la intervención estadounidense en Vietnam se retrasó un poco más.

La Salida de los Franceses

A principios de 1953, las delegaciones estadounidenses, chinas y norcoreanas acordaron un armisticio por la paz en Corea.

Simultáneamente, Stalin estaba promoviendo la paz en Asia y se iba a celebrar una conferencia sobre el destino de Alemania. En esta atmósfera de paz, los franceses estaban ansiosos por poner fin a la guerra en Indochina[cclvii].

Esto aterrorizó al Secretario de Estado de E.E U.U., John Foster Dulles. Creía que los comunistas coreanos solo habían acordado un cese del fuego bajo la presión de los chinos para permitirles desviar sus recursos a Vietnam. Instó a los franceses a no considerar la posibilidad de llegar a un acuerdo con Ho Chi Minh y dio a las fuerzas francesas 500 millones de dólares para convencerlos de que no dejaran Vietnam a los comunistas.

Los franceses habían ingresado en la conferencia de Ginebra antes de su derrota en Dien Bien Phu, pero, después de su desastre militar y la derrota total, estaban aún más ansiosos por poner fin al conflicto[cclviii]. Dada la posición debilitada desde la cual los franceses se acercaron a la conferencia de Ginebra, pudieron manipular hábilmente a Pham Van Dong y la delegación del Viet Minh en la mesa de negociaciones. El Viet Minh acordó establecer una línea de demarcación a lo largo del paralelo 17. Mantuvieron el territorio en el norte, mientras que los franceses se retiraron hacia el sur. El emperador Bao Dai se echaría a un lado y nombraría a un nuevo primer ministro en el sur, Ngo Dinh Diem. Diem y la administración francesa en el sur organizarían elecciones nacionales en 1956 para unificar a todo el país[cclix]. Crucialmente y aunque asistieron, los Estados Unidos se negaron a firmar el acuerdo de Ginebra, por lo que no estarían obligados a cumplir su contenido más tarde[cclx].

Después de una gran victoria en Dien Bien Phu y un amplio apoyo recibido, el Viet Minh aún aceptó un acuerdo que mantuvo a las tropas francesas en el sur y a un país dividido a lo largo del paralelo 17. La única explicación de por qué la delegación del Viet Minh aceptó términos tan desfavorables es que el Viet Minh era cauteloso con respecto a la naturaleza de la relación franco-estadounidense. Después del final del conflicto de Corea, el Viet Minh conocía la teoría del dominó de Truman y el compromiso estadounidense de contener el comunismo en todo el mundo. Por ello, no querían atraer un ataque estadounidense[cclxi].

Después de siete años de guerra, un decepcionante acuerdo de alto el fuego resultó en un Vietnam igualmente dividido. Los problemas que existían en 1946 antes de que comenzara la guerra todavía plagaban el país. El nuevo primer ministro de Vietnam, Ngo Dinh Diem, premonitoriamente, profetizó acertadamente después de la conferencia de Ginebra que "otra guerra más letal" se dirigía hacia Vietnam.

Capítulo 2 – De mal en peor: El gobierno de Ngo Dinh Diem

Los franceses, indiferentes con respecto a quién debería ser nombrado Primer Ministro, influyeron en la decisión de nombrar a Ngo Dinh Diem. Él no era un líder natural y era desconocido para la población vietnamita, ya que estuvo desde 1953 viviendo en un monasterio Benedictino en Bélgica y socializando con los vietnamitas en el exilio en París[cclxii]. Pero no había muchas opciones. A raíz de la primera Guerra de Indochina, había muy pocos líderes vietnamitas capaces que no fueran comunistas o que no estuvieran en el norte[cclxiii].

Los estadounidenses apoyaron a Diem porque, en palabras de John Foster Dulles, "no conocíamos a nadie mejor.[cclxiv]" Esto era completamente cierto; había una clara falta de candidatos alternativos. Pero, también, Diem gustaba a la institución estadounidense. En ese momento, los E.E.U.U. estaban experimentando un renacimiento religioso. Vieron el comunismo como una ideología impía y Diem, como cristiano, era una buena opción para enfrentarse a los comunistas vietnamitas, a los ateos y los del norte. También había una creencia entre los políticos estadounidenses de que los líderes asiáticos eran pasivos e incapaces. La naturaleza autoritaria de Diem rompió el molde y agradó al gobierno estadounidense. Habían conseguido a su "hombre milagroso" y estaban más que felices de darle a Diem su apoyo.[cclxv]

Diem estaba tan respaldado por los Estados Unidos que, incluso antes de que finalizara la conferencia de Ginebra, el 1 de junio de 1954, el agente de la CIA, el coronel Edward Lansdale, fue enviado a Saigón con la misión de establecer un régimen pro estadounidense en el sur con Diem como Primer Ministro.[cclxvi]

En la conferencia, el apoyo incondicional de Estados Unidos a Diem se convirtió en una fuente de conflicto en la relación franco-estadounidense. Los diplomáticos franceses advirtieron sobre el posible caos y la tragedia que ocurriría si Diem se convirtiera en Primer Ministro. Fue bajo esta nube de desacuerdo en relación con Diem que Francia decidió retirarse de Vietnam. La guerra había estallado en Argelia, otra colonia francesa, y el gobierno francés necesitaba todos los recursos que pudiera reunir. Con la sensación de que ese gobierno estaba destinado a saltar de un barco que se hundía, los franceses dejaron Vietnam a su suerte con Diem al frente del buque vietnamita propulsado por el motor estadounidense.

El régimen autoritario de Diem

Diem mantuvo su poder muy cerca. Diem y su hermano, Ngo Dinh Nhu, controlaron la policía, el ejército y la administración civil en el estado de Vietnam al sur del paralelo 17 casi de forma individual[cclxvii]. Él confió en los Estados Unidos para entrenar a la policía y al ejército en métodos de opresión y, con frecuencia, los envió para silenciar a aquellos que subvirtieron su autoridad. Durante el gobierno de Diem, 12000 presuntos Viet Minhs fueron arrestados y ejecutados, y otros 50000 cumplían sentencias en prisión. En 1959, cuando Diem intentó reforzar su base de poder, simplificó el proceso tanto que cualquier acusado de traición podría ser juzgado y ejecutado dentro del periodo de los tres días de su arresto inicial.[cclxviii]

También destruyó cualquier apariencia de democracia aldeana. Creía que las aldeas estaban infiltradas con comunistas Viet Minhs, por lo que eliminó los consejos de las aldeas y nombró a sus propios jefes de aldea. La mayoría de estos fueron seleccionados entre sus seguidores; muchos de los cuales eran católicos que huían del norte[cclxix]. Diem creía que necesitaba controlar las aldeas para detener la propagación de los ideales comunistas y, como resultado, muchas de sus políticas afectaron más duramente a las comunidades rurales. Persiguió agresivamente un programa de reforma agraria. El Ejército de la República de Vietnam (ERVN) entraba en una aldea y tomaba las tierras por la fuerza de los campesinos, muchas de las cuales habían sido otorgadas legítima y legalmente por el Viet Minh durante la guerra con los franceses. Insatisfecho con simplemente despojar a los campesinos de su tierra y sus medios de subsistencia, Diem les cobró el alquiler por los períodos en los que habían ocupado la tierra.[cclxx]

La implementación de la democracia estadounidense

Casi tan pronto como Lansdale llegó a Vietnam, organizó un grupo paramilitar llamado Binh. Comenzaron a realizar actos de sabotaje en los autobuses y trenes al norte del paralelo 17[cclxxi]. Este movimiento fue una señal clara del desprecio estadounidense por el acuerdo alcanzado en Ginebra entre el Viet Minh y los franceses. Los E.E.U.U. también iniciaron la Operación Pasaje a la Libertad. Dispersaron propaganda al norte del paralelo 17, diseñada para socavar al gobierno del Viet Minh en el norte y difundir el miedo entre la población católica y, así, incitarles a huir hacia el sur. Entre 1954 y 1955, casi un millón de personas huyeron del norte hacia el sur[cclxxii]. Muchos de ellos lo hicieron tras ser persuadidos por la propaganda estadounidense y la vaga promesa de una vida mejor.

Lansdale se convirtió rápidamente en el ángel guardián de Diem. Enfrentó cualquier desafío interno a la autoridad de Diem de forma pragmática y rápida. Cuando se enteró de un golpe militar planificado por parte del general Nguyen Van Hinh, Lansdale despachó hábilmente a los conspiradores y tenientes del general y los convocó en una reunión en Filipinas, sacándolos del país y anulando la amenaza. Cuando las políticas represivas y autoritarias de Diem enfurecieron a las sectas religiosas de Hoa Hao y Cao Dai, Lansdale pagó a las figuras clave de los grupos hasta 3 millones de dólares para devolver su apoyo a Diem[cclxxiii]. Cuando el ERVN finalmente tuvo la oportunidad, pudieron capturar al líder de Hoa Hao, Ba Cut, y lo guillotinaron públicamente en 1956.

Pero, la amenaza más importante para Diem, la que más, llegó en la primavera de 1955. La secta Binh Xuyen, liderada por Bay Vien, reunió a 40000 soldados y atacó los puestos avanzados del gobierno en Saigón. Contaron con el apoyo de los franceses, que ayudaron al Binh Xuyen compartiendo inteligencia y obstruyendo las tropas de Diem. A finales de abril, Saigón se parecía a un campo de batalla. Bao Dai llamó a Diem a Francia para pacificar la situación, pero Diem se negó a acudir. Los generales de Bao Dai se unieron al Binh Xuyen en su intento de derrocarlo. A finales de mayo, después de un mes de enfrentamientos, las fuerzas de Diem ganaron la delantera y las tropas de Binh Xuyen fueron derrotadas. Bay Vien huyó a Francia y las tropas restantes de Binh Xuyen, Cao Dai y Hoa Hao, escaparon al delta del Mekong, donde se unirían a las células comunistas y formarían la base de lo que se conocería como la guerrilla del Viet Cong en 1960[cclxxiv].

Después de aferrarse a su gobierno con todas sus fuerzas, Diem quería asegurarse de que Bao Dai no pudiera usar su poder político contra él nuevamente. Diem organizó las elecciones entre él y Bao Dai en octubre de 1955 para poner fin a las aspiraciones políticas del viejo emperador de una vez por todas.

La elección misma tenía el sello americano por todas partes. Lansdale diseñó las papeletas electorales para apelar al concepto vietnamita de buena suerte y fortuna. Puso el nombre de Diem en rojo, un color que significa buena fortuna en Vietnam, mientras que el nombre de Bao Dai estaba impreso en verde, un color de infortunio en la cultura vietnamita[cclxxv]. Los partidarios de Diem también ejercieron una enorme presión sobre los electores para que votaran por su candidato. Un votante describió la elección en un pueblo cerca de Hue: "Nos dijeron que pusiéramos la papeleta roja en el sobre y que arrojáramos las verdes a la papelera[cclxxvi]. "Según los informes, los que sí votaron por Bao Dai fueron perseguidos al salir de la mesa de votación y golpeados. Cuando las urnas se cerraron, Diem asumió la presidencia de la República de Vietnam, con el 98,2%[cclxxvii] de los votos.

El compromiso de Diem con la seguridad

A medida que la fecha límite para las elecciones de julio de 1956 para unificar el país se acercaba, Diem no ocultó su renuncia a permitir que siguieran adelante. Ignoró las llamadas para fijar una fecha para las elecciones porque, como él nunca firmó el acuerdo de Ginebra personalmente, no estaba obligado por su contenido. Los franceses y el Viet Minh negociaron el acuerdo, ninguno de los cuales controlaba la República de Vietnam. Por lo tanto, nada de lo acordado en Ginebra seguía en pie[cclxxviii].

Había, por supuesto, mucho más que eso. Eisenhower admitió más tarde que creía que el Viet Minh habría ganado el 80% de los votos si se hubieran permitido las elecciones[cclxxix]. Por lo tanto, los E.E.U.U. estaban firmemente en contra de la idea de celebrar elecciones libres que probablemente implicarían entregar el país a los comunistas. Ellos no fueron los únicos. La URSS sugirió hacer permanente la división del paralelo 17 y pidió el reconocimiento internacional de la República de Vietnam y la República Democrática de Vietnam como dos estados separados. Esto no les pareció bien ni a Eisenhower ni a Dulles, que no tenían intención de ofrecer reconocimiento internacional a la República Democrática de Vietnam de Ho Chi Minh[cclxxx].

En respuesta a la negativa de Diem a reconocer los términos del acuerdo de Ginebra, Ho Chi Minh quiso reiniciar inmediatamente la guerra con el sur. Sin embargo, vaciló. A Ho le preocupaba no tener el apoyo chino-soviético que necesitaba desesperadamente para enfrentarse al régimen en el sur. Diem tenía el apoyo incondicional de Washington, y temía la intervención militar de E.E.U.U. en caso de que volviera a desencadenarse un conflicto para unificar el país[cclxxxi]. Una guerra estallaría cuando se estableciera su gobierno y tuviera la oportunidad de hacer los preparativos necesarios. Por el momento, tenía que ser paciente.

A raíz de las elecciones, Diem persiguió ferozmente a los comunistas y opositores políticos restantes que se escondían en el sur del país[cclxxxii]. A finales de 1956, Diem había aplastado al 90% de las células comunistas que vivían en el delta del Mekong[cclxxxiii]. Los que permanecieron se vieron obligados a esconderse en áreas remotas. Pero sus técnicas no le hicieron ningún favor.

Diem consideraba las comunidades rurales como semilleros de potenciales insurgentes comunistas. Sus políticas agresivas para controlar las provincias se centraron principalmente en neutralizar amenazas potenciales y llevar seguridad al campo. Él introdujo las agrovillas a finales de la década de 1950. El programa Agrovilla desarraigó a los campesinos de sus aldeas y comunidades nativas y los obligó a vivir en grandes granjas administradas por el gobierno. El razonamiento que había detrás de esto era que la población se podía controlar más fácilmente desde una comunidad controlada por el gobierno.

En lugar de poner a la población rural de su lado, la política de las agrovillas de Diem solo sirvió para alienar aún más a su gobierno de las comunidades rurales. El esquema fue mal pensado y mal ejecutado. Desarraigar a los campesinos de sus tierras ancestrales causó angustia y resentimiento en las comunidades. La corrupción causaba que los suministros prometidos no siempre llegaban a las agrovillas y que, a menudo, había más gente de la que la que las granjas podían mantener. Por poner un caso, una agrovilla con suficiente tierra para emplear a 6000 campesinos en las granjas tenía a 14000 granjeros vietnamitas trabajando en ella[cclxxxiv]. Los trabajadores adicionales estaban esencialmente trabajando sin paga y en condiciones poco mejores que las del trabajo forzado.

Su obsesión por controlar las provincias en lugar de nutrirlas, significaba que, a pesar de recibir más de mil millones de dólares en ayuda de sus patrocinadores estadounidenses, gastó poco en educación, atención médica y otros servicios públicos[cclxxxv]. Las facturas médicas iban más allá de la capacidad financiera de la mayoría de las familias, y muchos niños de las provincias no podían asistir a la escuela debido a una infraestructura deficiente. En lugar de designar estadistas y funcionarios competentes para dirigir las provincias, prefirió nombrar a oficiales militares en puestos del gobierno provincial. En 1962, 36 de los 40 jefes de provincia eran oficiales militares[cclxxxvi]. La mayoría eran católicos en los que Diem podía confiar y rara vez interactuaban con las comunidades a las que se suponía que representaban. Al ver a las regiones provinciales como un problema que necesitaba controlar en lugar de cuidarlas y apoyarlas, se dedicó a volver a muchos en su contra e incentivarlos a apoyar la causa comunista.

Esto se reflejó en la cantidad de ataques guerrilleros y asesinatos que se produjeron. En 1957, después de la represión de Diem en el delta del Mekong, las células comunistas en el sur asesinaron a 400 funcionarios del gobierno[cclxxxvii]. Esta cifra aumentó a 1200 en 1959 y 4000 al año en 1961[cclxxxviii].

Un conductor de autobús recuerda los eventos que acontecieron un día. Un pequeño grupo de guerrilleros detuvo su autobús y subió a bordo. Se acercaron a dos hombres sentados en el autobús y tranquilamente revisaron sus documentos de identidad. El líder del grupo les dijo a los dos hombres que habían sido advertidos muchas veces de que dejaran de cooperar con el gobierno, pero que todavía no habían renunciado a sus trabajos. Los guerrilleros sacaron a los dos hombres del autobús y los decapitaron con machetes justo al borde de la carretera. Resultó que los dos hombres eran policías que trabajaban para el gobierno[cclxxxix].

Actuar ahora o arriesgarse a perder el Sur para siempre

En 1959, Le Duan, un comunista veterano que había ayudado a gestionar los esfuerzos de guerra de Ho Chi Minh contra los franceses en el sur, logró persuadir a Ho Chi Minh de que, a menos que actuara pronto, perdería el sur de Vietnam para siempre[ccxc]. Esto inició una ráfaga de actividad encubierta a lo largo del paralelo 17 y en las células de la guerrilla en el sur.

Inmediatamente, Ho reabrió el Sendero Ho Chi Minh, la intrincada red de caminos y senderos de la jungla que recorría todo el país. Comenzó a traerse a los administradores leales a su lado, excepto a los sureños nativos, para ayudar a organizar las células de la guerrilla en el sur. Fue en 1960 cuando estas escurridizas células comunistas se desataron y formaron su propio estado en el sur en competencia con el gobierno de Diem. Se llamaron a sí mismos el Frente de Liberación Nacional (FLN) y su ejército, las Fuerzas Armadas de Liberación Popular (FALP)[ccxci]. Sus objetivos eran derrocar al gobierno de Diem y abrir negociaciones con Hanoi para unificar el país[ccxcii]. Aunque confiaban con el apoyo del Viet Minh, eran diferentes de sus contrarios del norte, y, en los años posteriores a la guerra, el FLN chocaría con el gobierno comunista del norte en cuanto al funcionamiento del país.

Los comunistas del sur organizaron sus fuerzas armadas en 37 compañías establecidas en el delta del Mekong. Era esencial para Ho que las compañías recibieran sus tropas y suministros del norte en absoluto secreto. Era fundamental, para Ho al menos, mantener la apariencia externa de ajustarse al acuerdo de Ginebra[ccxciii].

Mientras Ho maquinaba ilusiones en el norte, Diem se encontraba en el sur. Para preservar el flujo constante de ayuda estadounidense, Diem necesitaba fingir que al menos su gobierno era democrático. En 1959, organizó elecciones legislativas para mantener la apariencia democrática. A diferencia de las elecciones anteriores contra Bo Dai, los votantes se registraron, y las papeletas se mantuvieron en secreto. Diem también permitió a sus críticos lanzarse y hacer campaña contra sus candidatos en una oposición significativa. Sin embargo, en el día de las elecciones, se hizo evidente que estas no fueron democráticas ni justas. Los funcionarios de Diem llenaron las urnas electorales, los candidatos opositores fueron descalificados inesperadamente por oscuras irregularidades financieras y legales, y los partidarios de Diem fueron llevados a diferentes provincias para emitir sus votos donde fueran necesarios[ccxciv]. Todo el proceso de elecciones fue una farsa para mantener el apoyo estadounidense.

Diem diría o haría cualquier cosa que se precisara para mantener el poder. Celebrar elecciones fraudulentas, desarraigar a los campesinos y obligarlos a trabajar como esclavos, y ofrecer al país promesas de reforma vacías. En noviembre de 1960, soldados descontentos de tres batallones de paracaidistas y una unidad de marinos del ERVN sitiaron el palacio de Diem en Saigón. Exigieron que implementara reformas. Diem huyó al sótano de su palacio y lanzó un discurso en el que aceptaba la celebración de elecciones libres y reformas liberales. Mientras hablaba, los soldados que aún le eran fieles llegaron a Saigón y aniquilaron la fuerza de asedio, dejando más de 400 cuerpos de soldados y ciudadanos esparcidos por las calles de Saigón[ccxcv].

Capítulo 3 - Pragmatismo e idealismo

En 1960, John F. Kennedy derrotó por poco a Richard Nixon con 303 votos electorales frente a 219, dando paso a una nueva era para la participación estadounidense en Vietnam. La administración Kennedy comenzó a extender el alcance de la participación de los E.E.U.U. en Vietnam, que continuó durante los siguientes ocho años. Antes de la toma de posesión de Kennedy, los E.E.U.U. tenían una presencia de 900 asesores en Vietnam. Para el momento de su asesinato, los E.E.U.U. tenían 16000 asesores involucrados en misiones de combate con el ERVN y brindaban un importante apoyo aéreo[ccxcvi].

A pesar del aparente avance, los historiadores y comentaristas han estado en desacuerdo desde hace mucho tiempo sobre cómo habría sido la participación estadounidense en Vietnam si John F. Kennedy hubiera vivido.

Antes de su toma de posesión en 1961, Kennedy había sido partidario de proporcionar fondos para el esfuerzo de guerra francesa contra los comunistas vietnamitas y de un fuerte respaldo al régimen de Ngo Dinh Diem. También había llamado públicamente a Vietnam, "un terreno de prueba para la democracia en Asia" y una "prueba de la responsabilidad y determinación de los Estados

Unidos[ccxcvii]". Aunque esto indicara que la posición de Kennedy hacia Vietnam estaba dictada por su postura ideológica, a veces manejaba Vietnam pragmáticamente, con minucioso cuidado y precisión, y confiaba mucho más en las opiniones de los expertos que en su propia creencia ideológica.

Escalada de Kennedy

El presidente Kennedy recibió un bautismo de fuego al entrar en la Oficina Oval. La amarga crítica de Richard Nixon a Kennedy en la campaña electoral se basaba en que era "blando" con el comunismo. La crítica debió haberle dolido, porque en sus primeros meses en el cargo, con ánimo de silenciar a sus críticos, llevó a cabo una invasión de Cuba en Bahía de Cochinos.

Intentó llevar a cabo la invasión, pero falló. Luego se enfrentó a la URSS por la partición de Alemania y fue manipulado y menospreciado por Khrushchev en Viena. Al final de su primer año en el cargo, en lugar de silenciar a sus críticos, solo había reforzado lo que sospechaban. Kennedy sabía que necesitaba usar Vietnam como su teatro para mostrarle al público estadounidense que podría ser duro con el comunismo.

En 1961, Kennedy envió una fuerza especial al sur de Vietnam. George Ball lideraría el proyecto, diseñado para iniciar programas militares, económicos y políticos con el objetivo explícito de evitar la absorción comunista de Vietnam del Sur[ccxcviii]. Para garantizar el éxito de estos objetivos, envió a 100 asesores militares para apoyar el régimen de Diem. De conformidad con el acuerdo de Ginebra, tuvo el cuidado de dispersar a los asesores a lo largo de todo el país, ya que una agrupación militar violaba los Acuerdos de Ginebra.

Ngo Dinh Diem necesitaba apoyo de los Estados Unidos, pero era reacio a permitir que las tropas estadounidenses entraran en Vietnam. En el verano de 1961, envió a Kennedy una carta pidiéndole más ayuda. Diem quería expandir el ERVN a 270000 tropas. Quería un paquete de ayuda que le hiciera alcanzar esta cifra, que incluiría más asesores militares de E.E.U.U., equipo militar y armas, junto con un importante apoyo financiero[ccxcix]. Sin saber cómo responder a esta petición, Kennedy retrasó su decisión. Decidió enviar a Vietnam a su asesor militar de confianza, el General Maxwell Taylor, en octubre para evaluar la situación y que pudiera formar un juicio propio para aconsejar a Kennedy.

La batalla del ERVN con la guerrilla se intensificó durante el verano y se prolongó hasta el otoño, lo que hizo que Diem se desesperara. Ajustó sus demandas para incluir una presencia "simbólica" de las tropas estadounidenses y un pacto bilateral de defensa con sus aliados americanos.

Kennedy continuó posponiendo la decisión hasta después de la misión de investigación de Taylor. A finales de 1961, Taylor estaba listo para ofrecer su recomendación después de una gira de dos semanas por la República de Vietnam. Sus recomendaciones presentadas a Kennedy incluían el compromiso de tres escuadrones de helicópteros y un aumento en el número de asesores militares presentes en el país[ccc]. Extraoficialmente, Taylor sugirió a Kennedy en privado que desplegara 8000 tropas de combate en el delta del Mekong bajo el pretexto de proporcionar ayuda con las inundaciones de la región. Kennedy le preguntó a Taylor cuál era su opinión sobre una posible represalia en el norte por parte del gobierno de Ho Chi Minh. Taylor descartó la idea. Él creía que incluso si hubiera alguna acción de represalia, un lanzamiento de bombardeos preventivos en el norte evitaría que se embarcasen en una invasión del sur.

Otros que habían estado en la gira del Departamento de Estado en 1961, desaconsejaron la participación. Sterling Cottrell, un especialista del Departamento de Estado que acompañó a Maxwell, creía que una guerra en Vietnam sería una en la que "las fuerzas militares extranjeras por sí mismas no pueden ganar[ccci]". Reconoció que el apoyo de Diem ya se tambaleaba y que la guerra se libraría en los pueblos y las comunidades rurales. Concluyó que simplemente sería imposible de ganar.

Pero en Washington había muchos halcones. El secretario de Defensa, Robert McNamara, creía que 8000 soldados en tierra no sería un número suficiente como para asegurar el dominio militar. Pidió que se desplegara una fuerza de apoyo de 200000 soldados en el sur de Vietnam[cccii]. Kennedy le pidió a Dean Rusk y McNamara que prepararan un paquete que no involucrara tropas de combate. El paquete final que aprobó Kennedy incluyó más asesores militares y los escuadrones de helicópteros recomendados, pero no llegó a enviar tropas de combate a Vietnam.

Los asesores militares, por recomendación de Robert Thompson, un especialista británico en contrainsurgencia, modernizaron el programa agrovilla de Diem y cambiaron ligeramente los objetivos. El nuevo formato fue crear aldeas estratégicas donde los campesinos vivirían juntos y se defenderían de las guerrillas del FLN. El programa fue diseñado para crear un genuino movimiento de resistencia en las provincias contra la propagación del comunismo.

Al igual que el programa agrovilla, el programa estratégico de aldea fue un fracaso. Los campesinos que se mudaron se vieron obligados a levantar vallas y construir posiciones defensivas alrededor de las fortalezas para protegerse del enemigo. Pero el enemigo no tenía intención de lastimar a los campesinos, solo a los funcionarios del gobierno. Las comunidades rurales comenzaron a cuestionar rápidamente el valor de trabajar para protegerse de un enemigo que no deseaba dañarlos, y todo para favorecer al gobierno.

La ejecución del programa fue defectuosa de principio a fin. La corrupción causaba que los suministros prometidos a menudo no llegaban a los campesinos. También hubo varios casos de guerrillas de FLN que se infiltraron dentro de las aldeas estratégicas. Desde allí podían influir en la población y pasar la información a sus camaradas comunistas en el exterior[ccciii].

Fue el liderazgo del programa lo que demostró hasta qué punto las aldeas estratégicas ayudaron a la causa comunista. El Teniente jefe del plan era el Coronel Pham Ngoc Thao. Produjo aldeas estratégicas a nivel nacional y a un ritmo vertiginoso. En cuestión de semanas, las fortalezas se extendieron por el campo en toda la República de Vietnam. Más tarde se supo que Thao era un simpatizante comunista secreto que operaba desde dentro del gobierno de Diem[ccciv]. Promovió el programa con tanto entusiasmo porque quería explotar la política débil para ayudar aún más a la causa comunista. Su persistencia en el esquema solo sirvió para demostrar hasta qué punto las aldeas alienaron a Diem de la población rural y condujeron a las comunidades a manos de los comunistas.

Kennedy el pragmático vs. Kennedy el idealista

Es fácil darse cuenta del discurso público de Kennedy y el número de asesores militares que envió para ayudar al gobierno de Diem y concluir que sus convicciones ideológicas lo llevaron a poner a los E.E.U.U. en el camino del progreso. Pero la mayor parte de este compromiso se produjo después de su desafiante primer año en el gobierno, cuando tuvo que hacer un lavado de imagen y mostrarse fuerte en contra del comunismo.

Por el contrario, Kennedy retiró a 1000 asesores militares poco antes de su muerte en 1963[cccv]. Kenneth O'Donnell Jr., hijo de uno de los asesores principales de Kennedy, Kenneth O'Donnell, recuerda una conversación que tuvo con su padre en 1963. Le dijo explícitamente a su hijo que Kennedy quería retirar a los asesores después de las elecciones y sacar al personal de los E.E.U.U. fuera de Vietnam.

Si Kennedy hubiera querido establecer un compromiso de enviar más tropas para Vietnam, ciertamente tuvo la oportunidad. Taylor recomendó enviar a las tropas de combate, y el llamado de McNamara de enviar 200000 tropas estadounidenses a Vietnam habría sido atractivo para él.

Pero a pesar del discurso idealista de Kennedy, detrás del telón, su política hacia Vietnam muestra un equilibrio experto entre el pragmatismo y el idealismo[cccvi]. Cuando Diem solicitó ayuda para combatir la insurgencia comunista, no la proporcionó automáticamente, sino que envió asesores en una misión de investigación y consideró seriamente el impacto que su decisión tendría sobre el país.

Caminaba por una delgada línea para administrar el electorado y apaciguar a los halcones en su gobierno, pero entendió que el desafío de Vietnam requería, como le dijo a un grupo de miembros visitantes de las Fuerzas Aéreas de América Latina, de "técnicas sofisticadas para superarlo". En el período antes de su asesinato, sus técnicas sofisticadas serían sometidas a un intenso escrutinio y puestas a prueba hasta el límite.

Capítulo 4 - La muerte de dos presidentes católicos

Mientras tanto, en el norte, la prioridad del gobierno de Ho Chi Minh era evitar tomar medidas que dieran a los Estados Unidos una excusa para enviar tropas de combate a Vietnam. Durante una conversación entre Pham Van Dong, Primer Ministro de la República Democrática de Vietnam, y Bernard Fall, un académico francés, en 1962, Pham Van Dong expresó su satisfacción con la guerra que el movimiento guerrillero estaba librando en el sur. Él creía, mostrando una visión bastante optimista, que los Estados Unidos retirarían a sus asesores militares del país en poco tiempo debido al desgaste y cansancio de la batalla[cccvii].

Aunque la creencia pudo haber sido un poco prematura, el FLN estaba haciendo una demostración de tácticas de batalla de campo impresionante. Los escuadrones de helicópteros de Kennedy estaban experimentando resultados menguantes tras su éxito inicial. Las células del FLN se habían adaptado rápidamente. El grupo 559 fue el nombre que se le dio a la unidad vietnamita del norte encargada de transferir suministros a lo largo del camino que Ho Chi Minh trazó hasta las células de FLN en el sur de Vietnam. Rápidamente, transportaron morteros a las guerrillas vietnamitas del sur para utilizarlos contra los helicópteros de los E.E.U.U.[cccviii] También cavaron trincheras y túneles para ocultar sus movimientos[cccix] y anular la efectividad de los ataques aéreos.

La Batalla de Ap Bac

En enero de 1963, el FLN obtuvo una victoria significativa contra el ERVN de Diem. Los E.E.U.U. obtuvieron información de que había tres compañías de FLN en Ap Bac, al sur de Saigón. Decidieron formular un plan de ataque para neutralizar sus objetivos. El 2 de enero fue la fecha elegida para que los pilotos de los helicópteros de E.E.U.U. pudieran recuperarse por completo de las festividades de la víspera de Año Nuevo antes del ataque. Pero los guerrilleros se enteraron del inminente ataque aliado y se prepararon para una defensiva[cccx].

A pesar de ser superados en número de 10 a 1[cccxi], los guerrilleros se mantuvieron firmes y esperaron a las tropas entrantes del ERVN. El diario del comandante del Viet Cong se encontró después del ataque. En él había escrito, "mejor luchar y morir que correr y ser masacrado[cccxii]".

La séptima división del ERVN, con apoyo aéreo de los E.E.U.U., comenzó su ataque la mañana del día 2 al desplegar un regimiento de infantería al norte de las posiciones del Viet Cong. Los guerrilleros abrieron fuego contra los helicópteros y las tropas entrantes, con tanto éxito que, al mediodía, cinco helicópteros estadounidenses ya habían sido derribados. El escuadrón de fusileros ubicado al oeste de Ap Bac fue desplegado en sus vehículos blindados para rescatar a las tripulaciones de helicópteros derribados, pero se unieron al combate individualmente y fueron un blanco fácil para las fuerzas Viet Cong. La mayor parte de las fuerzas del ERVN debía atacar a pie desde el sur. Sin embargo, el comandante Tho, el oficial a cargo de los dos batallones que se acercaban desde el sur, detuvo su avance después de perder a un oficial. No pudo ser persuadido para reanudar el ataque[cccxiii].

Sintiendo que la batalla se escapaba de sus manos, el ERVN desplegó paracaidistas al oeste del campo de batalla para cambiar el rumbo de la batalla. Pero, para aquel entonces, estaba anocheciendo y tenían dificultades para diferenciar entre amigo y enemigo. En un acto de calamidad casi absurda, los paracaidistas dispararon contra las tropas del ERVN, confundiéndolas con las guerrillas del Viet Cong[cccxiv]. Las compañías del Viet Cong desaparecieron y escaparon protegidas por la oscuridad.

A la mañana siguiente, E.E.U.U. y el ERVN evaluaron la situación. Encontraron tres cuerpos del Viet Cong entre los muertos, un descubrimiento desmoralizador después de perder 61 tropas del ERVN y sufrir 100 bajas[cccxv].

La victoria del Viet Cong fue mucho más allá de la cantidad de bajas infligidas. Los soldados del FLN, a pesar de estar mal equipados, se habían enfrentado a vehículos blindados y a helicópteros estadounidenses y habían ganado. Estas habían sido las cartas de triunfo del ERVN y de los E.E.U.U., pero no habían podido garantizar su victoria. La victoria mental fue mucho más importante para las guerrillas: el miedo al apoyo aéreo estadounidense y a los vehículos blindados se habían esfumado, con las fuerzas de todo el país inspirándose en sus camaradas de Ap Bac[cccxvi].

No había tiempo para que Diem lamiera sus heridas. Su popularidad aún seguía disminuyendo notablemente, y en febrero sufrió un intento de asesinato. Dos aviones de combate de la fuerza aérea de su gobierno volaron sobre su palacio, arrojando napalm y bombas y rociando el edificio con balas de las ametralladoras[cccxvii]. Treinta oficiales resultaron heridos y tres muertos, pero, desafortunadamente para los atacantes, ni Diem ni su familia estaban entre los cadáveres. Lograron escapar al sótano reforzado del palacio después de la caída de la primera bomba.

A raíz del intento de asesinato, Diem fortaleció su mandato al concentrar aún más el poder dentro de su familia. Su hermano extendió su red de espías en el ejército para garantizar que solo los leales al régimen de Diem recibieran un ascenso. Pero la popularidad del régimen iba en picado. El ejército creía que no tenían ningún interés en derrotar a las guerrillas del Viet Cong. Las tropas creían que su interés por continuar la guerra era para mantener un flujo constante de ayuda estadounidense. La gente pensaba que la familia Diem estaba corrupta, y que simplemente gobernaba para llenarse los bolsillos. Ambas declaraciones eran probablemente correctas, pero los hermanos Diem no parecían sentirse desanimados. Cuando un periodista le dijo a Nhu, el hermano de Diem, que el público creía que era una persona corrupta y deshonesta, respondió: "No me importa lo que piense la gente"[cccxviii].

La gente tenía todo el derecho a estar enfadada. En los siete años desde que Diem llegó al poder no había cambiado nada. Estados Unidos había canalizado 1 billón de dólares[cccxix] en el país y, aun así, Diem no consiguió derrotar a la insurgencia Viet Cong, no había logrado ganarse a las comunidades rurales y no había hecho nada para mejorar su popularidad desde que llegó al poder.

Una "barbacoa" budista

Cuando el gobierno de Diem no podía empeorar, iba a sumergirse en un declive más profundo a medida que sus represalias se concentraban cada vez más en contra de la población budista.

A principios de mayo, los budistas de todo Vietnam se reunieron para celebrar públicamente el cumpleaños de Buda. Un funcionario católico en Hue decretó que a los budistas no se les permitiría llevar la bandera multicolor que se asociaba normalmente con las celebraciones. Por si no fuera suficiente insulto para la población budista local, las autoridades cancelaron un discurso de radio llevado a cabo por el influyente líder Budista, Tri Quang. Una multitud se congregó fuera de la estación de radio para protestar por las medidas represivas e injustas. Cuando la multitud se negó a dispersarse y terminar con la protesta pacífica, los soldados del gobierno abrieron fuego contra ellos, matando a ocho niños y una mujer[cccxx] en medio del caos.

Las células budistas de la disidencia se extendieron por todo el país. A diferencia de los campesinos desencantados en las comunidades rurales, el movimiento budista era muy educado y hablaba un inglés excelente. Informaron a los periodistas extranjeros y, casi de inmediato, las medidas represivas de Diem y la matanza de civiles inocentes se extendieron por los medios internacionales. Le pidieron a Diem que hiciera reformas liberales y le suplicaron al gobierno estadounidense que lo reemplazara como Primer Ministro.

Haciendo frente a una protesta internacional y a las preguntas inquisitivas de los estadounidenses, Diem negó toda participación y responsabilidad del gobierno. Culpó a las guerrillas del Viet Cong de las muertes en Hue, que habían disparado masivamente creando una estampida sobre la multitud. Para tranquilizar a sus patrocinadores estadounidenses, también estableció un comité para investigar las quejas Budistas[cccxxi].

Pero nada impactó más a la comunidad internacional que las escenas acontecidas en una concurrida intersección de Saigón el 11 de junio de 1963. En el tráfico de cercanías de la mañana, un monje anciano bajó de un automóvil y se acercó tranquilamente al centro de la transitada encrucijada para sentarse en medio de la densa ráfaga de tráfico de Saigón. Sus compañeros monjes lo rodearon y comenzaron a rociarlo con gasolina, atrayendo las miradas de asombro de los peatones y de los vehículos que pasaban. Sin previo aviso, mientras el hombre estaba sentado orando, lo incendiaron. Mientras las llamas amarillas bailaban sobre su túnica naranja y le envolvían la cara, Malcolm Browne echó una foto, convirtiéndose en una de las fotografías más icónicas de la historia del fotoperiodismo. La comunidad budista había advertido a Browne sobre esta autoinmolación planificada y lo había invitado a documentar la ocasión. Mientras el monje se quemaba, sus colegas repartieron informes a la prensa y los espectadores se reunieron con asombro. Los informes detallaban las razones del acto desafiante del suicidio público. El monje, llamado Thich Quang Duc, pidió a Diem que respetara la religión budista y mostrara "claridad y compasión[cccxxii]".

Si alguien tenía dudas sobre Diem y la preocupación de su familia por el incidente era su cuñada, Madame Nhu, que le dijo a un periodista, "déjenlos arder, y vamos a aplaudir", calificando el espectáculo de "barbacoa" budista[cccxxiii]. Haciendo aún más difícil la situación de los budistas vietnamitas, el comité budista de Diem publicó sus hallazgos poco después del incidente. El comité sostuvo que el Viet Cong, y no las fuerzas gubernamentales, había sido la causa de las muertes en Hue.

Durante el verano de 1963, algunos monjes budistas se quemaron hasta la muerte en protesta por el gobierno de Diem. Pero la respuesta de Diem fue acallar sus protestas con más represión. El 21 de agosto, las tropas leales al hermano de Diem lanzaron ataques coordinados contra las pagodas budistas en Saigón y otras ciudades del sur. Arrestaron a más de 400 monjas y monjes en Saigón. Esto se convertiría en un punto de inflexión, tanto para el gabinete de Diem como para sus partidarios de E.E.U.U.

En protesta por la flagrante indiferencia hacia la población budista, el Ministro de Relaciones Exteriores de Diem se rasuró la cabeza en solidaridad con los budistas reprimidos. Cuando el gabinete de Diem se volvió en su contra, los E.E.U.U. finalmente decidieron que era hora de reemplazar al torpe Primer Ministro católico.

El fin de Ngo Dinh Diem

La administración de Kennedy tenía opiniones diferentes en relación con este tema. Dean Rusk y George Ball inicialmente dieron su consentimiento para un golpe de estado y derrocar a Diem. Sus opositores fueron el Vicepresidente, Lyndon Johnson, el Secretario de Estado, Robert McNamara, y el General Maxwell Taylor. La cuestión de Diem representó la primera división importante en la administración Kennedy.

Después de cuatro días de intenso debate, Henry Cabot Lodge, el embajador estadounidense en Saigón, intervino en la situación. Convenció a Kennedy para darles luz verde a los rebeldes del ejército para derrocar a Diem. Micrófonos secretos que registraron estas deliberaciones muestran la preocupación de John F. Kennedy. "Estamos pringados hasta las caderas en este asunto", reflexionó. Sabía que el Congreso se molestaría por el derrocamiento de Diem, pero concluyó que "estarán más enfadados si Vietnam se va al carajo[cccxxiv]".

Al final, Kennedy dio permiso para esta maniobra. El 1 de noviembre, las tropas rodearon el palacio de Diem y tomaron el control de las estaciones de radio. Diem y su hermano huyeron del palacio esa noche a la casa del rico comerciante chino, Ma Tuyen, un financista de su régimen en la ciudad de Cholon.

Después de que Diem emitiera su rendición incondicional, se enviaron soldados desde Saigón para recogerlo a él y a su hermano, pero nunca regresaron a la ciudad. El general Xuan, que estaba a cargo de la operación, hizo que sus hombres asesinaran a ambos en un cruce de ferrocarril[cccxxv].

Cuando Kennedy se enteró de la muerte de Diem, expresó una intensa conmoción y angustia por la situación[cccxxvi]. Pero fue ingenuo al esperar que los generales vietnamitas permitieran que Diem y su hermano vivieran. No podían exiliar a Diem a los Estados Unidos, ya que su presencia habría avergonzado a la administración Kennedy por su apoyo previo a su régimen, que resultó ser represivo e impopular. No podía permanecer en Vietnam con un nuevo líder y encontrar otro lugar para vivir en el exilio requería una negociación diplomática.

Su muerte fue recibida con alarma en Hanoi. El gobierno de Ho Chi Minh creía que esto comprometía a los E.E.U.U. con el sur de Vietnam y aumentaba las posibilidades de su participación militar. Inmediatamente, enviaron más ayuda al sur, con la esperanza de que, en caso de una guerra inminente, pudieran tomar Saigón antes de que los Estados Unidos pudieran intervenir[cccxxvii].

Menos de tres semanas después, John F. Kennedy fue asesinado en Dallas mientras viajaba en un vehículo descapotable. El mes de noviembre de 1963 marca un hito para la política estadounidense en

Vietnam. Los dos presidentes católicos encontraron sus extremos al final de dos pistolas y, con esos dos disparos aislados, los E.E.U.U. se comprometieron a una guerra que mataría a 58000 americanos, 1,5 millones de vietnamitas y desgarraría la estructura misma de la sociedad estadounidense.

Capítulo 5 - Humo y espejos: la guerra de Johnson

Cuando Lyndon Baines Johnson sucedió a John F. Kennedy después de su asesinato, no se hacía idea sobre la gravedad de la situación en Vietnam. Había visto cómo los críticos de Kennedy lo habían crucificado públicamente por ser blando ante la expansión del comunismo global y estaba decidido a no dejar que le sucediera lo mismo.

A pesar de que la gente no estaba segura del verdadero interés de Kennedy en Vietnam, Johnson no dejó margen para ninguna ambigüedad. Con el ejército vietnamita del sur todavía sufriendo derrotas contundentes a manos de las guerrillas comunistas, y con Diem ya asesinado, la posición del gobierno vietnamita del sur parecía precaria. Duong Van Minh sucedió a Diem como Jefe de Estado, pero carecía de la fuerza de carácter para liderar un país tan fragmentado como Vietnam, y pronto fue reemplazado por el General Nguyen Khanh. Johnson y sus asesores decidieron que, sin la expansión militar de los E.E.U.U., el sur no podía salvarse. Antes de que pudiera enviar tropas terrestres y expandir la guerra, Johnson tenía que conseguir una aprobación previa del Congreso. Con un poco de astucia e imaginación, toda la autorización que requería pronto le sería otorgada.

El incidente del Golfo de Tonkín

Algunos documentos recientemente desclasificados han revelado hasta qué punto los altos cargos de la administración de Johnson mintieron y exageraron para comprometer aún más a los militares de los E.E.U.U. con Vietnam.

A principios de 1964, la armada vietnamita del sur, con el apoyo naval de E.E.U.U. inició una serie de operaciones encubiertas frente a la costa vietnamita del norte. Denominados como OPLAN 34A, su éxito fue limitado. Los barcos survietnamitas sufrieron fuertes bajas y muchos fueron capturados[cccxxviii]. Mientras la armada survietnamita luchaba por avanzar, el comandante del Comando de Asistencia Militar de Estados Unidos, William Westmoreland, decidió intensificar las operaciones. Ahora incluirían ataques en tierra contra posiciones de los norvietnamitas con morteros y cohetes. La Marina de los Estados Unidos también iniciaría misiones de reconocimiento al norte del paralelo 17.

Fue en una de estas misiones, el 1 de agosto de 1963, que el Maddox, un destructor de los E.E.U.U., interceptó señales que indicaban que los buques de torpedos comunistas se estaban preparando para atacar su posición. Probablemente, se trataba de una reacción por el ataque a la isla Hon Me por parte de la Armada de la República de Vietnam la noche anterior, aunque el Capitán John J. Herrick no estaba al tanto de este ataque en ese momento[cccxxix].

Cuando tres buques comunistas comenzaron a acercarse, Herrick ordenó a sus hombres que dispararan a los barcos cuando se encontraran a menos de 10000 yardas (9100 m). El Maddox disparó tres tiros de advertencia a lo largo de la proa del primer bote a esa distancia. El buque torpedero respondió disparando un torpedo al destructor de los E.E.U.U. El Maddox comenzó a atacar a los tres barcos con disparos. La escaramuza dañó al Maddox levemente, pero las tres naves vietnamitas sufrieron daños severos, y una quedó varada en el mar ardiendo[cccxxx].

Varios días después, el 4 de agosto, el Maddox reportó de nuevo que se acercaban buques comunistas. Describieron que los barcos se acercaban desde todas las direcciones, a pesar de estar en altamar y, por lo tanto, lejos de cualquier parte de la costa norvietnamita. El piloto, el comandante Stockdale, fue enviado inmediatamente desde el Ticonderoga para ayudar. Pero, cuando llegó, no vio señales de naves vietnamitas. "Tenía el mejor asiento de la casa para ver ese evento", diría más tarde, "y nuestros destructores estaban disparando contra objetivos fantasmas[cccxxxi]". Informó de sus hallazgos a Washington, confundiendo al Pentágono. El Secretario de Defensa McNamara preguntó si era posible que no hubiera habido ningún ataque. El comandante a cargo de la Flota del Pacífico, el almirante estadounidense Grant Sharp, coincidió con él en que era una posibilidad.

A esto le continuó una de las acciones más engañosas y calculadas que haya salido de una administración presidencial. Se informó de que una señal había sido interceptada por un barco norvietnamita que describía el daño que había sufrido al atacar un objetivo naval de los E.E.U.U. Esta era la prueba que McNamara necesitaba, e inmediatamente ordenó a Stockdale organizar un ataque aéreo de represalia[cccxxxii]. Stockdale se sintió confundido. Más tarde diría: "Estábamos a punto de lanzar una guerra bajo falsas pretextos, al frente del comandante que nos aconsejó lo contrario[cccxxxiii]."

Stockdale tenía razón, pero no se dio cuenta de que esto era precisamente lo que querían Johnson y McNamara. Más tarde, la información desclasificada mostraría que el informe de la señal interceptada se había estado refiriendo al ataque acontecido días antes contra el Maddox, pero se había colocado deliberadamente entre la evidencia de los ataques del 4 de agosto.

A pesar de sus dudas, Stockdale dirigió un ataque contra una instalación de almacenamiento de petróleo en el norte de Vietnam con 18 aviones. Tras los ataques a Maddox, el Congreso aprobó la resolución de emergencia del Golfo de Tonkín que Johnson promulgó el 7 de agosto. La resolución autorizó a Johnson a "tomar todas las medidas necesarias para repeler cualquier ataque armado contra las fuerzas de los Estados Unidos[cccxxxiv]. El presidente apenas podía contener su deleite. Había recibido un cheque en blanco del Congreso para intensificar la guerra.

Johnson mostró moderación tras la Resolución del Golfo de Tonkín. Limitó el bombardeo del norte a solo un día después del incidente. Ahora ya tenía toda la autoridad que necesitaba y no era necesario apresurar nada[cccxxxv]. Después de todo, se acercaban las elecciones presidenciales y lo último que quería era que Vietnam fuera un tema divisorio.

Para los comunistas en el norte de Vietnam, el incidente del Golfo de Tonkín fortaleció aún más su compromiso con la guerra. En octubre de 1964, Hanoi envió el primer regimiento de combate completo al sur de Vietnam. El 95 ° regimiento incluía a los altos oficiales norvietnamitas, Le Trong Tan, Tran Do y el coronel Hoang Cam[cccxxxvi].

El incidente también fortaleció el apoyo chino y soviético a la causa norvietnamita. A medida que se hacía evidente que la única solución para la situación vietnamita sería la militar, la Unión Soviética comenzó a ofrecer asistencia aérea a los norvietnamitas[cccxxxvii]. Este sería un punto de inflexión para las relaciones soviéticas-norvietnamitas.

Bombardearlos "de vuelta a la Edad de Piedra"

Johnson dirigía su mirada al premio de Vietnam. Con las elecciones de noviembre aún por llegar, él sabía que necesitaba caminar por la cuerda floja. Había aprendido de los errores de Kennedy. Tenía que demostrar la fuerza suficiente para evitar que su oponente, Barry Goldwater, lo acusara de ser blando con el comunismo, pero tenía que mostrar la suficiente moderación como para evitar ser acusado de llevar a los E.E.U.U. por el camino de una guerra a gran escala en Vietnam. Sus esporádicos bombardeos habían logrado justamente eso y, el 3 de Noviembre, Johnson llegó a la victoria con 16 millones de votos, la victoria más grande jamás alcanzada por un candidato presidencial[cccxxxviii].

Justo dos días antes de las elecciones, el 1 de Noviembre, el Viet Cong lanzó un ataque furtivo contra la base aérea estadounidense en Bien Hoa[cccxxxix]. Los morteros Viet Cong destruyeron seis bombarderos B-57 y dañaron otros 20 aviones estacionados en la base[cccxl]. Los Jefes del Estado Mayor Conjunto solicitaron inmediatamente una campaña de bombardeo en represalia contra las refinerías de petróleo vietnamitas y los depósitos de municiones en el norte, pero Johnson se negó. Con las elecciones a dos días, no quería que lo último que el público estadounidense viera al dirigirse a la cabina de votación fueran pilotos americanos bombardeando Vietnam. También estaba preocupado por provocar una fuerte reacción por parte de las fuerzas norvietnamitas. Solo tenía 23000 asesores militares en el país, y serían superados si el gobierno norvietnamita decidiera enviar tropas a través del paralelo 17 en cantidades considerables[cccxli]. Johnson quería utilizar los bombardeos como una herramienta de negociación para alentar al gobierno de Vietnam del norte a poner fin a la insurgencia del Viet Cong en el sur, sin provocar una invasión norvietnamita[cccxlii].

Un telegrama enviado por Lyndon Johnson a Maxwell Taylor durante el período navideño brinda una idea de en qué estaba pensando Johnson tras su victoria electoral. "Nunca sentí que esta guerra se ganaría desde el aire, y me parece que lo que más necesitamos y sería más efectivo es un uso mayor y más fuerte de comandos, fuerzas especiales y marines[cccxliii]".

Antes de que Johnson pudiera contemplar la posibilidad de colocar tropas estadounidenses en el lugar, el Viet Cong lanzó otro contundente ataque. El 7 de febrero de 1965, las guerrillas del Viet Cong atacaron la base aérea de E.E.U.U. en Pleiku. Johnson ordenó otro bombardeo en el norte justo para día siguiente, de acuerdo con su estrategia de bombardeo de ojo por ojo[cccxliv]. Pero esta vez, McGeorge Bundy quería ir más allá. Esbozó un plan para una campaña de bombardeos contenida que aumentaría gradualmente en intensidad hasta que el gobierno de Vietnam del Norte no tuviera más remedio que entrar en negociaciones con los E.E.U.U. para poner fin a la lluvia ardiente que estaría desgarrando todo el país. Los planes iniciales contenían 94 objetivos que atacar durante un período de 11 semanas.

El 10 de febrero, el Viet Cong atacó el barracón estadounidense en Qui Nhon. Una vez más, Johnson emitió un ataque de represalia al día siguiente. El momento del ataque del Viet Cong endulzó la propuesta de Bundy, y con las elecciones ya ganadas, dos días más tarde Johnson aceptó la campaña de bombardeo propuesta por Bundy. La operación se bautizó como Rolling Thunder (Trueno Vibrante).

Johnson tenía limitaciones estrictas sobre dónde se podría y no se podría bombardear. Se negó a permitir que se atacaran objetivos a 30 millas alrededor de Hanoi y 10 millas de Haiphong, el corazón de la industria norvietnamita[cccxlv]. La operación comenzó de forma definitiva el 2 de Marzo. 104 aviones estadounidenses bombardearon un depósito de municiones al norte de la zona desmaterializada. Dos semanas más tarde, el día 15, otro depósito fue atacado. El bombardeo fue esporádico. Cada objetivo debía ser aprobado por el estadounidense Grant Sharp, y luego por expertos militares en el Pentágono para establecer un análisis de la importancia militar. Una vez que los militares dieran el visto bueno, el Departamento de Estado verificaba el objetivo propuesto para asegurar que su destrucción no desencadenara una invasión del norte. Solo una vez que había recibido la aprobación de cada organización, se podía llevar a cabo el bombardeo[cccxlvi].

En mayo, Johnson le dio al norte la oportunidad de poner fin a la operación. Detuvo los bombardeos durante cinco días y ofreció al norte un paquete de desarrollo de mil millones de dólares de posguerra para reparar su infraestructura dañada con la condición de que iniciaran negociaciones de alto al fuego. El gobierno de Vietnam del Norte se negó rotundamente a cooperar, y los bombardeos se reanudaron el 18 de mayo.

La resistencia de los norvietnamitas al bombardeo estadounidense en la primavera de 1965 probaría ser un ominoso microcosmos para las fallas estadounidenses a lo largo de todo el conflicto en Vietnam. Los vietnamitas tenían una población rural dispersa en una vasta área, gran parte de la cual estaba cubierta por el denso follaje de la jungla.

Durante 1964 y 1965, la administración de Johnson se basó en varias suposiciones falsas. Creyeron que podrían interrumpir la corriente constante de suministros al Viet Cong al bombardear la ruta Ho Chi Minh alrededor del paralelo 17. Pero el sendero de Ho Chi Minh era un elaborado laberinto de caminos y túneles selváticos. Era imposible ver desde el aire, y los suministros podían ser redirigidos a una ruta alternativa en cualquier momento. Los puentes primitivos fueron una ventaja. Si una bomba estadounidense destruía un puente, podría reconstruirse en cuestión de días, lo que reduciría drásticamente la efectividad de los bombardeos de los EE. UU[cccxlvii]. Además, en abril de 1965, el general Giap firmó un acuerdo con Luo Ruiqing y Yang Chengwu del gobierno chino. China comenzaría a enviar algunas de sus mejores unidades de ingeniería para ayudar con la reconstrucción de los ferrocarriles, carreteras y puentes del norte[cccxlviii].

Los E.E.U.U. también suponían que los vietnamitas estarían perdidos sin depósitos de municiones ni centrales eléctricas. A finales de 1965, el 77% de los depósitos de municiones y el 60% de las plantas de energía en el norte de Vietnam habían sido destruidos, pero continuaron luchando. La munición para las armas fabricadas por los chinos y los soviéticos podía importarse de sus aliados comunistas internacionales.

Algunos asesores estadounidenses y funcionarios del gobierno también asumieron que, en algún lugar de las junglas de Vietnam, había una sede comunista desde la cual dirigían el esfuerzo de guerra. Imaginaron que, si pudieran destruir esta sede, podrían romper la determinación vietnamita y ganar la partida. Pero, a pesar de sus creencias, la sede no existía. No era un sitio físico, sino un grupo de individuos en constante movilidad, que realizaban reuniones en túneles en las profundidades de la jungla vietnamita. Todo el campamento podía ser retirado y movilizado en cualquier momento, y era en gran parte inmune a los bombardeos estadounidenses[cccxlix].

Finalmente, Johnson supuso que, al ofrecerles dinero, podría persuadir a los norvietnamitas para que se sentaran en la mesa de negociaciones. La promesa de Curtis Lemay de bombardearlos al estilo de "la edad de piedra" siempre iba a ser difícil, pero toda la campaña de Rolling Thunder puso de manifiesto la falta de comprensión que tenían en Washington sobre la población vietnamita, su estrategia militar y sus valores culturales.

Botas sobre el terreno

Cuando comenzó el asalto aéreo estadounidense de acuerdo con las propuestas del Estado Mayor Conjunto, el general Westmoreland tenía su propuesta propia para el presidente Johnson.

Según las estimaciones de Westmoreland, alrededor de 6000 guerrilleros del Viet Cong seguían activos cerca de la ciudad costera de Da Nang. Le aconsejó al presidente que enviara tropas terrestres para proteger la base aérea estadounidense de los alrededores. Sus propuestas fueron respaldadas por el Estado Mayor Conjunto, y Johnson dio su permiso para el despliegue de 3500 marines en Da Nang[cccl].

Su llegada fue menos que sutil. Los Marines llegaron en traje de batalla y corrieron por la playa, precisamente como lo habían hecho sus antepasados en Normandía y Corea. Pero no eran las armas enemigas las que les esperaban en la playa. En su lugar, había varias mujeres vietnamitas sosteniendo una pancarta que decía "Bienvenidos valientes marines".

Si bien la escena probablemente parecía casi cómica, Nguyen Ting, un guerrillero del Viet Cong que vio el espectáculo, entendió el significado. "Cuando vi llegar a los estadounidenses, supe que la guerra estaba a punto de endurecerse; iba a ser más feroz y duraría más.[cccliii]

Capítulo 6 - La máquina de guerra estadounidense

Durante la primavera de 1965, los soldados estadounidenses comenzaron a enfrentarse a las tropas norvietnamitas y del Viet Cong en batallas aisladas. En respuesta al despliegue de tropas estadounidenses en el sur, Ho y su gobierno en el norte desplegaron cuatro regimientos del Ejército Popular de Vietnam (EVN) por la ruta de Ho Chi Minh hacia el sur de Vietnam[ccclii].

El 11 de mayo, el Viet Cong y sus aliados del norte lanzaron su mayor ataque de la guerra hasta ese momento. Atacaron la ciudad de Songbe, a 50 millas al norte de Saigón, tomando la ciudad y atacando el campamento de las fuerzas especiales de los E.E.U.U. en las afueras de la cercana Dong Xoai. William Westmoreland estaba furioso. Inmediatamente, pidió el despliegue de 180000 hombres para proteger los intereses estadounidenses en el sur y la intensificación de los bombardeos en el norte[cccliii].

En julio, Johnson cedió. El 28 de Julio, incrementó el número de tropas de combate activas en Vietnam a 125000, reclutando 35000 civiles estadounidenses[cccliv]. También dio la orden de intensificar la campaña de bombardeo. Los bombardeos aumentaron de 1-2 objetivos por semana, a 10-12 por semana. Más de 900 vuelos se realizaron en Vietnam cada semana a mediados de 1965[ccclv]. Los militares continuaron pidiendo la expansión de los objetivos para incluir conexiones terrestres y ferroviarias a China e interrumpir el flujo constante de armas y municiones chinas, pero Johnson no lo permitiría por temor a provocar la participación de tropas chinas en la guerra, como ya hicieron en Corea.

A medida que la guerra se intensificaba, los estadounidenses comenzaron a usar defoliantes como el Agente Naranja, llamado así con acierto por la franja naranja pintada en los barriles en los que se almacenaba. La estrategia americana consistió en bombardear un área sospechosa de albergar guerrillas del Viet Cong y expulsar a los aldeanos de las aldeas, a menudo destruyendo todo el follaje de la jungla con aerosoles herbicidas. Los militares entrarían y matarían a cualquier guerrilla del Viet Cong que quedara al aire libre y sin ningún lugar donde esconderse.

Durante 1965, las intensas campañas de bombardeos sacaron a cuatro millones de refugiados de sus aldeas rurales hacia las ciudades. Los estadounidenses lo aceptaron. Creían que la movilización forzada de la población rural hacia los urbanismos detendría la difusión del apoyo comunista en las áreas rurales[ccclvi]. La estrategia fue muy defectuosa. Tras "limpiar" una aldea de elementos del Viet Cong, estaban de regreso en menos de un mes. Solo los refugiados permanecían desplazados, ganándose la vida en las ciudades y pueblos superpoblados del sur de Vietnam. Cada pueblo que los estadounidenses arruinaban de esta manera, se convertía en una aldea de resistencia y despertó una mayor simpatía comunista.

Puede que las estrategias de bombardeo no fueran un éxito, pero la hazaña logística que los estadounidenses llevaron a cabo en Vietnam fue casi milagrosa. El ejército estadounidense construyó carreteras y puentes para transportar sus tropas y suministros, dragaron ríos para crear bases más seguras, construyeron almacenes refrigerados, nuevos puertos, muelles y una nueva red de comunicación en todo el país.

Para 1967, 100 libras (45 kg) de equipo se vertían en el país por soldado cada día[ccclvii]. Los soldados en Vietnam tenían acceso a marcas de cigarrillos estadounidenses, su cerveza favorita, un menú de comida de Acción de Gracias y Navidad completo con pavo, un servicio postal, champú, desodorante y muchos condones. Un soldado con base en Saigón podía incluso comprar un automóvil y cuadrarlo todo para que fuera recibido en su casa en los Estados Unidos para cuando regresara[ccclviii].

La moral era alta en 1965. Los estadounidenses llegaron a Vietnam con la confianza de que ganarían la guerra fácilmente y estarían en casa antes de Navidad. Pero eso cambió después de su primer encuentro serio con el enemigo.

La Drang

Ningún evento en particular devolvió a las fuerzas estadounidenses de vuelta a la realidad tanto como la lucha en el valle de La Drang a finales de 1965. El 14 de Noviembre, la inteligencia del ejército avisó de una fuerte presencia de alrededor de 2200 soldados cerca del Valle de La Drang[ccclix]. La Séptima División de Caballería fue desplegada para sacarlos y eliminarlos. En realidad, la cifra fue casi tres veces esta cantidad. La mayoría de las fuerzas comunistas pertenecían al Ejército Popular del Norte y acababan de completar un viaje de dos meses a través de la ruta Ho Chi Minh desde el norte. El objetivo del General Giap era enfrentarse a los soldados estadounidenses para ver cuáles eran sus tácticas de batalla y cómo usarían sus helicópteros.

Los 450 soldados enviados a La Drang fueron atacados. Un pelotón de la compañía B fue privado casi instantáneamente de su apoyo. Para cuando el pelotón fue rescatado tres días después, cuando la lucha había terminado, unos 20 de los 27 soldados habían sido asesinados o heridos[ccclx]. Las 450 tropas fueron inmovilizadas durante todo el primer día. Gracias a que un helicóptero desplegó un batallón adicional de los E.E.U.U. se impidió el colapso total y la eliminación de las fuerzas estadounidenses. El teniente Harold G. Moore describiría el ataque más tarde. Contó cómo las tropas norvietnamitas eran maestros del camuflaje y luchaban con tenaz determinación, a veces incluso sin dejar de disparar después de recibir un golpe directo en el pecho de un rifle M16 de algún soldado estadounidense[ccclxi].

Después de tres días de lucha feroz, las fuerzas del norte finalmente comenzaron a retirarse. Los aliados de los E.E.U.U. y los vietnamitas del sur perdieron más de 600 hombres y quedaron con más de 2000 heridos. Justo cuando pensaban que todo había terminado, en el camino hacia el punto de extracción, la columna de los E.E.U.U. fue emboscada una vez más y se produjo un enfrentamiento.

Al final de la batalla, 1 de cada 4 miembros de la Séptima Caballería había sido asesinado en el campo de batalla, unos 234 soldados en total. El Ejército Popular había perdido alrededor de 3000 tropas[ccclxii].

A continuación, Johnson envió inmediatamente al Secretario de Defensa Robert McNamara a Saigón para verificar lo que había sucedido. Esta visita resultó ser de monumental importancia para McNamara. Después de ver la devastación causada a las fuerzas estadounidenses de la mano de Vietnam del Norte, cambió su opinión. Entonces creyó que los E.E.U.U. no podrían ganar la guerra. Había visto suficiente; quería que salieran de aquello[ccclxiii].

William Westmoreland llegó a una conclusión diferente. Contó 12 muertes comunistas por cada estadounidense. Concluyó que esto significaba que los E.E.U.U. podrían ganar una guerra de desgaste en Vietnam. Su lógica era completamente defectuosa. En ningún momento durante la guerra las pérdidas de EVN igualaron el número de bebés nacidos en el norte de Vietnam, por lo que el norte siempre tendría un flujo constante de soldados listos para tomar el testigo. Además, Westmoreland no consideró cómo la pérdida de la vida estadounidense afectaría a la opinión pública en los E.E.U.U. y, en última instancia, cómo la opinión pública influiría en la política de E.E.U.U. en Vietnam[ccclxiv].

En el otro lado del país, Ho Chi Minh hacía su propia evaluación de la situación. Lo que había visto en La Drang lo alentó verdaderamente. Los E.E.U.U., con toda su tecnología, no habían logrado arrollar a las fuerzas comunistas. Después de ver las estrategias de los campos de batalla de los E.E.U.U., el Comandante del Ejército Popular, el Teniente Coronel Nguyen Hu Anh, desarrolló la estrategia que haría ganar la guerra a los vietnamitas del norte. "Agarrarlos por la hebilla del cinturón", que, explicado de otro modo, implicaba estar tan cerca de los estadounidenses que no pudieran usar su artillería ni su apoyo aéreo sin dañar a sus propias tropas[ccclxv].

Las fuerzas del norte también aprendieron una valiosa lección en la retirada. Los E.E.U.U. no perseguirían a las fuerzas vietnamitas a través de la frontera hacia Camboya. Con eso, Giap había encontrado su fórmula ganadora. Acércate, ataca con fuerza y luego retírate al otro lado de la frontera.

Más Tropas

Después de la batalla de La Drang, Westmoreland solicitó el compromiso del Presidente Johnson de enviar más tropas. Sin embargo, Johnson no estaba del todo seguro. La reacción doméstica ya estaba retumbando en contra de la participación de más tropas; dos jóvenes manifestantes siguieron el ejemplo del budista vietnamita y se prendieron fuego en protesta por el reclutamiento que tuvo lugar a principios de noviembre. Una marcha de más de 20000 personas también se unió a una marcha en la Casa Blanca en protesta por la participación estadounidense en Vietnam[ccclxvi].

Con la mayoría de los estadounidenses a favor de una iniciativa de alto el fuego en Vietnam, Johnson ideó un plan para detener la campaña de bombardeo en el norte y darle al gobierno de Vietnam del Norte otra oportunidad de entablar negociaciones de paz. El 24 de diciembre, Lyndon Johnson detuvo el bombardeo del norte durante 37 días[ccclxvii].

La pausa fue tanto en beneficio del público estadounidense y para que la administración de Johnson aparentara estar tratando de negociar la paz, como para la búsqueda real de la reducción de la escalada de la guerra. Durante el descanso, Johnson asignó más tropas a Vietnam, una indicación de su compromiso con el freno a la escalada[ccclxviii].

En 1966, los defectos en la organización del esfuerzo de guerra estadounidense comenzaban a ser evidentes. Los soldados que inicialmente habían llegado a Da Nang en 1965 comenzaban a irse, ya que las tropas servían por períodos de 12 meses. Una vez que los soldados tenían alguna experiencia propia y comenzaban a entender la situación militar en el país, eran trasladados y enviados de vuelta a los Estados Unidos. Esto obstaculizaría severamente el esfuerzo bélico estadounidense. Por el contrario, los norvietnamitas luchaban hasta la victoria o la muerte[ccclxix]. El setenta por ciento de todos los conflictos fueron iniciados por las fuerzas comunistas, lo que indica que se libró una guerra controlada por ellos, al estilo y de la manera que les convenía[ccclxx], contra los soldados estadounidenses, que se retiraban tan pronto como acumulaban alguna experiencia significativa en la guerra.

El número de tropas y los costos comenzaron a aumentar considerablemente. En 1965, el gobierno de Johnson había supuesto que el esfuerzo de guerra costaría alrededor de 2 mil millones de dólares, pero sus costos reales habían sido de 8 mil millones. En 1966, el esfuerzo de guerra anual costaría 21 mil millones de dólares, un aumento significativo. Esto se debió a la escalada de la guerra en ambos lados.

Tras la pausa de bombardeos, Johnson amplió los objetivos de bombardeo en el norte para incluir a Hanoi y Haiphong, y los bombardeos se intensificaron durante todo el año. En 1967, el 75% de las instalaciones de almacenamiento de petróleo del norte yacían en ruinas, pero todavía no había escasez de combustible. Los Estados Unidos estaban gastando diez dólares por cada dólar de daño infligido en el norte[ccclxxi], sin embargo, la sociedad del norte de Vietnam continuó, sin mostrarse afectada. Los suministros chinos aseguraron que el gobierno comunista del norte tuviera amplias cantidades de armas y municiones, y los ingenieros chinos reconstruían rápidamente la infraestructura dañada. La campaña de bombardeos estadounidenses se estaba convirtiendo en un barril sin fondo de gastos, produciendo un impacto mínimo en la sociedad norvietnamita.

A principios de 1966, los comunistas enviaron otros 20000 soldados hacia el sur. Ninguna parte del sur de Vietnam estaba segura. Las misiones de búsqueda y destrucción para erradicar el Ejército Popular de Vietnam y el Viet Cong estaban creando más enemigos de los que estaban eliminando. Sin ideas, Robert McNamara propuso la construcción de una valla electrónica en el paralelo 17, similar a la DMZ que divide Corea del Norte y Corea del Sur. El hecho de que se comenzara la construcción del proyecto muestra el alcance de las medidas que tomaba la administración de Johnson para detener las 20 toneladas diarias de suministros que ingresaban a Vietnam del Sur desde el norte. Poco después de que se comenzara la construcción, se puso de manifiesto lo absurdo que era el proyecto y fue abandonado[ccclxxii].

La administración Johnson comenzaba a crujir bajo la presión de la guerra. Las divisiones entre los halcones y las palomas empezaban a mostrarse públicamente, y las grietas comenzaban a aparecer. Los halcones de William Westmoreland, los Jefes del Estado Mayor Conjunto y Walt Rostow estaban presionando por el compromiso ilimitado de los E.E.U.U. con la guerra. Por otro lado, Robert McNamara y el Pentágono habían tenido suficiente guerra y se estaban volviendo muy públicos en su deseo de reducir la escalada y la implementación de límites en el número de tropas. Johnson se posicionaba entre los dos, intentando suavizar los conflictos que aparecían[ccclxxiii]. Pero los halcones estaban ganando el debate en

Washington. A finales de 1966, casi 400000 jóvenes estadounidenses luchaban por sus vidas en el sur de Vietnam.

Capítulo 7 – La pesadilla del Tet

A medida que avanzaba el año de 1967, los halcones en Washington continuaron ejerciendo más presión sobre el presidente. En la primavera, Johnson anunció el despliegue de 45000 soldados más[ccclxxiv]. El 9 de agosto, Johnson incrementó los objetivos de ataque. Esta vez permitió que los bombardeos tuvieran lugar dentro de las ciudades de Hanoi y Haiphong e incluyó objetivos cerca de la frontera con China. Su guerra aérea alcanzaría su punto máximo en ese momento, con 200 vuelos de bombardeo lanzados sobre el norte el 20 de agosto de 1967, la mayor cantidad de vuelos lanzados cualquier día en toda la guerra. Al día siguiente, dos aviones de E.E.U.U. entraron al espacio aéreo chino y fueron derribados. Johnson, indudablemente, estaba tentando su suerte. Mientras Johnson se entusiasmaba con la idea de extender la guerra, la opinión pública comenzaba a enfriarse.

La extensión del reclutamiento militar en 1966 había provocado una ola de reacciones públicas, pero 1967 fue el año en que el movimiento contra la guerra se extendió más firmemente. El reclutamiento convertía la guerra de Vietnam en una "guerra de la clase obrera[ccclxxv]". Los jóvenes de las comunidades más empobrecidas de Estados Unidos estaban siendo enviados a Vietnam y devueltos en ataúdes cubiertos con banderas estadounidenses, mientras que los campus universitarios de todo el país estaban llenos de jóvenes de familias ricas, sin problemas en relación con el reclutamiento. Las comunidades pobres se resintieron por el privilegio que tenían las comunidades más prósperas de evitar la opción de acudir a la guerra, y el movimiento por los derechos civiles estaba ganando impulso a medida que la población afroamericana se veía desproporcionadamente afectada.

En 1967, figuras en el foco público como Martin Luther King Jr. y Muhammed Alí hablaban en contra de la guerra[cclxxvi]. A mediados de octubre, muchos estudiantes universitarios acudieron a protestar contra el alistamiento durante la semana denominada como "Semana para detener el reclutamiento". En ciudades de todo el país, los jóvenes entregaron sus tarjetas de reclutamiento en un acto de desobediencia civil. Esto fue un shock para Johnson. Muchos de estos estudiantes estaban exentos del reclutamiento. Pertenecían a la clase media de los Estados Unidos, y muchos de ellos habían votado a Johnson.

Para detener el cambio de parecer de la opinión pública, Johnson trajo a William Westmoreland a casa para conceder entrevistas y asegurarle al público que Estados Unidos aún debía participar en la guerra de Vietnam. Sabía que la gente no podía denunciar públicamente a un veterano con experiencia que luchaba por su país. Westmoreland brindó excelentes informes en las cadenas de televisión sobre las proporciones de las muertes y la cantidad de depósitos de petróleo y municiones que fueron destruidos. Tuvo el efecto deseado en la popularidad de Johnson. En diciembre, después de que Westmoreland regresara a los E.E.U.U., la opinión favorable de Johnson en las encuestas de opinión pública aumentó 11 puntos[cclxxvii]. El público incluso fue capaz de pasar por alto que los insurgentes comunistas de Le Duan habían asestado un golpe significativo a las fuerzas estadounidenses y habían causado numerosas bajas en Dak To. En la transición de 1967 a 1968,

Johnson se paró en la cubierta del portaaviones USS Enterprise y le dijo al pueblo estadounidense que la guerra continuaría "no muchas noches más[ccclxxviii]". Teniendo en cuenta lo que estaba por venir a principios de 1968, Johnson se preparaba para un posible fracaso.

Johnson se estaba cansando de la insistencia de McNamara de limitar el número de tropas. Con el público en su contra, lo último que quería era un Secretario de Defensa que alimentara sus preocupaciones. McNamara también era un amigo cercano de Bobby Kennedy, que se estaba convirtiendo en uno de los rivales políticos de Johnson para la nominación presidencial demócrata de 1968. Johnson comenzó a sospechar que McNamara lo criticaría públicamente y denunciaría su estrategia de guerra, lo que le daría a Bobby Kennedy valiosas municiones en la oposición[ccclxxix]. Johnson podía negociar un puesto para McNamara como presidente del Banco Mundial. Él renunció y tomó el cargo a principios de 1968.

La ofensiva del Tet

Los documentos desclasificados del Politburó de Hanoi en 1967 indican que los comunistas habían elegido 1968 como el año para causar un impacto significativo en la guerra. Sabían que era un año electoral y habían visto al público agitarse con la guerra y el reclutamiento de Johnson. Decidieron lanzar un ataque a gran escala en todo el sur a principios de 1968. Las guerrillas del Viet Cong, con el apoyo del Ejército Popular de Vietnam, atacarían todas las ciudades importantes del sur de Vietnam. El Jefe del Partido Comunista de Vietnam del Norte, Le Duan, describió los objetivos finales del Partido en una carta a los combatientes del sur. Quería "sacudir la voluntad agresiva del imperialismo estadounidense, obligarlo a cambiar su estrategia y reducir la intensidad de la guerra[ccclxxx]". "Militarmente, el ataque no tuvo éxito, pero teniendo en cuenta una mayor cantidad de los objetivos de Le Duan, la ofensiva del Tet fue una victoria abrumadora para los comunistas del norte.

La fiesta vietnamita del Tet es una de las celebraciones anuales más importantes del país. La mayoría de los vietnamitas la celebra con sus familias. En las primeras horas del 31 de enero, los E.E.U.U. no estaban preparados para un ataque a gran escala. En el centro de Saigón, 200 coroneles se encontraban celebrando la fiesta[ccclxxxi]. A pesar de que había ejemplos históricos de los vietnamitas librando batallas durante su día festivo del Tet, habían utilizado las vacaciones en 1789 para atacar a las fuerzas chinas durante la guerra por la independencia[ccclxxxii]; nadie en la Casa Blanca ni en Vietnam esperaba algo como lo que estaba a punto de ocurrir.

En una exhibición de organización y sincronización impecable, las guerrillas del Viet Cong y las fuerzas de EVN atacaron todas las ciudades principales del sur de Vietnam. Trece de las 16 capitales de provincia fueron atacadas[ccclxxxiii]. En Saigón, los guerrilleros del Viet Cong hicieron un agujero en la pared de la embajada de los E.E.U.U., mataron a cinco soldados estadounidenses y sitiaron el edificio[ccclxxxiv]. En Hue, las fuerzas comunistas tomaron la Ciudadela y resistirían durante 25 sangrientos días.

En total 67000 efectivos del Viet Cong y del EVN atacaron más de 100 objetivos en todo el sur[ccclxxxv]. En Saigón, 4000 tropas comunistas atacaron los principales sitios de la ciudad. En la mayoría de los casos, el levantamiento fue aplastado, y las fuerzas comunistas del Viet Cong y del norte fueron expulsadas de las ciudades. Incluso en Hue, donde la lucha fue más brutal, la fuerza comunista finalmente se vio obligada a retirarse. Pero esto tuvo un precio. Durante las batallas durante el Tet, los E.E.U.U. perdieron alrededor de 2000 soldados, y el ERVN sufrió pérdidas de alrededor de 4000. Esta fue una fracción de los 50000 comunistas que murieron en la ofensiva[ccclxxxvi], pero, a pesar de las fuertes pérdidas comunistas, la ofensiva Tet había logrado sus objetivos en los Estados Unidos.

El ataque fue aún más impresionante cuando consideramos el nivel de planificación emprendido por el General Giap para proporcionar a la ofensiva la mayor posibilidad de éxito posible. El 21 de julio, diez días antes del ataque, las fuerzas norvietnamitas atacaron la base rural estadounidense de Khesanh. A pesar de su limitada importancia militar, dos o tres divisiones de soldados norvietnamitas sitiaron la base para sacar a las tropas estadounidenses de las ciudades y preparar el escenario para la ofensiva del Tet. Después de ganar una intensa batalla entre enero y abril de 1968, los E.E.U.U. dejaron la base abandonada cuando William Westmoreland finalizó su gira en junio[ccclxxxvii].

La ofensiva del Tet desvinculó la guerra del campo rural al que había estado siempre asociada y le mostró al pueblo estadounidense que los comunistas tenían la capacidad de lanzar una gran ofensiva en las ciudades resguardadas por Estados Unidos. Esto se contradecía con el mensaje del presidente Johnson y la Casa Blanca, que habían estado transmitiendo mensajes de una victoria inminente.

Las imágenes de la embajada de E.E.U.U. en Saigón siendo invadida por guerrilleros plantearon en casa dudas sobre la competencia militar de los E.E.U.U. Las imágenes de unos policías survietnamitas que dispararon a un presunto guerrillero del Viet Cong en la cabeza en una calle de Saigón también provocaron preguntas sobre la conducta de la ERVN. Las escenas retransmitidas en los hogares del público estadounidense mostraron un desorden militar absoluto. Así fue cómo el público americano percibió la grave realidad de la situación. El presidente Johnson había mentido abiertamente sobre las capacidades de las fuerzas comunistas, o las había subestimado drásticamente. La realidad es que, probablemente, hizo ambas cosas.

Las Consecuencias del Tet

Principalmente, Johnson quería mitigar los daños de la opinión pública. En lugar de enviar a William Westmoreland de regreso a Vietnam para llevar a cabo una respuesta militar al Tet, lo mantuvo en los Estados Unidos para tranquilizar al país sobre el progreso de la guerra y aliviar el temor de la gente[ccclxxxviii].

El influyente periodista, Walter Cronkite, había aparecido en las noticias y había pedido abiertamente negociaciones de cese al fuego para poner fin a la guerra de Vietnam. Él representaba el punto de vista de la población en general. Johnson había enviado a 500000 estadounidenses a Vietnam, había perdido 20000 de ellos, y el público ahora se enfrentaba con la cruda realidad de que esta guerra podría continuar indefinidamente. Diez mil jóvenes estadounidenses podrían morir año tras año en Vietnam. Enfrentado con los costos reales de una guerra llevada a cabo en Vietnam, el público no tenía ganas de apoyar esto. Querían salir de Vietnam.

Para los comunistas, la ofensiva del Tet también le había pasado factura al Viet Cong. Tuvieron muchas más bajas que cualquier otro grupo y fueron los más involucrados en la lucha. Los agentes comunistas del norte fueron enviados al sur para reconstruir las redes y restaurar el aparato comunista del sur. Pero el Viet Cong del sur no fue el mismo después del Tet. No se llevaban bien con sus camaradas del norte y el Tet representaba el fin del Viet Cong como una unidad cohesionada de comunistas del sur[ccclxxxix].

Las primarias presidenciales del 12 de marzo en New Hampshire representaron una prueba de fuego para medir a qué nivel el público todavía tenía fe en el presidente Johnson. La primaria salió mal[cccxc]. En un último intento por seducir de nuevo al público, Johnson anunció otro alto de bombardeo para llevar a los comunistas a la mesa de negociaciones.

Cuando sus esfuerzos fracasaron, Johnson decidió retirarse de la carrera presidencial de 1968. Anunció a la nación: "No buscaré, y no aceptaré la nominación de mi partido para otro período como su presidente"[cccxci]. La guerra de Vietnam se había convertido en un atolladero omnipresente del que ni siquiera el presidente podía escapar.

Capítulo 8 - Nixon y Kissinger

Antes de que se cerrara el telón de la presidencia de Johnson, hubo una última oportunidad para salvar el naufragio de Vietnam y lograr la paz bajo su liderazgo. Después del 30 de diciembre de 1967, el norte se entusiasmó con la posibilidad de una negociación de alto el fuego. Todo lo que pedían era un cese total de los objetivos de bombardeo al norte del paralelo 17[cccxcii]. Después de que Johnson se retirara de la carrera presidencial, comenzó a explorar la posibilidad de entablar conversaciones de paz. Su lógica era que, si podía traer la paz a Vietnam, podría aumentar la popularidad del partido demócrata en el período previo a las elecciones y darle al vicepresidente, Hubert H. Humphrey, el ascenso en las encuestas que tan necesario era en el camino a las mesas electorales.

Para el candidato Republicano, Richard Nixon, esto hubiera sido desastroso. Toda su campaña se basaba en la promesa de que, si ingresaba en la Casa Blanca, pondría fin a la guerra y sería él quien negociaría la paz. Si Johnson lo hacía primero, le quitaría toda su plataforma de campaña[cccxciii]. Nixon tenía la ventaja en el otoño de 1968, pero Humphrey estaba comenzando a cerrar la brecha a principios de octubre. Fue entonces cuando Richard Nixon recibió una llamada telefónica del asesor Republicano, Henry Kissinger. Kissinger informó a Nixon de que la URSS estaba presionando a Hanoi para que aceptara las negociaciones de paz y que, si Johnson dejaba de bombardear, la perspectiva de la paz antes de las elecciones de noviembre parecía probable.

Las elecciones se escapaba ante los ojos de Nixon. Sabía que el presidente de Vietnam del Sur, Nguyen Van Thieu, temía que Johnson los vendiera en las negociaciones de paz para poner fin rápidamente a la guerra. Nixon decidió jugar con esto y utilizó uno de sus recaudadores de fondos, Anna Chennault, y al empresario chino, Louis Kung, para transmitirle a Thieu que obtendría un mejor acuerdo de paz una vez que Nixon estuviera en la Casa Blanca. Nixon presionó a Thieu para que rechazara cualquier acuerdo de paz que pudiera poner fin a una guerra bajo el presidente Johnson[cccxciv].

Johnson se enteró de los esfuerzos de Richard Nixon para socavar su acuerdo de paz. Hizo que el FBI siguiera a Chennault y pinchara su teléfono y descubrió que había hablado con el embajador de Vietnam del Sur, Bui Diem. Los teléfonos pinchados grabaron su conversación. "Espere. Vamos a ganar". Añadió," por favor, dígale a su jefe que espere[cccxcv]."

Johnson no pudo denunciarlo públicamente con pruebas disponibles tan limitadas, por lo que llamó personalmente a Richard Nixon para confrontarlo. En esta conversación, y en todas las discusiones posteriores, tanto privadas como públicas, Nixon negó cualquier participación y proclamó que no había hecho nada para socavar las negociaciones de Johnson.

Al final, Thieu se negó a enviar a sus diplomáticos a París para las negociaciones, deteniendo toda la discusión. Nixon pasó a ganar las elecciones presidenciales por solo el 1% de los votos, y la guerra continuaría durante otros cinco años. Se perdieron otras 23000 vidas estadounidenses en Vietnam, y las negociaciones de paz que Nixon y Kissinger acordaron en 1973 no estaban fuera del alcance de la administración de Johnson en 1968[cccxcvi].

La campaña de Nixon en Camboya

Nixon no solo jugó un tira y afloja con la ley de E.E.U.U. durante la campaña electoral. Toda su presidencia se convertiría en una cadena de acciones ilegales y campañas de encubrimiento.

Nixon fue elegido por el público estadounidense porque había prometido reducir la intensidad de la guerra y traer de vuelta a casa a sus hijos. Sin embargo, al ingresar a la Oficina Oval, Nixon creía que podía aumentar los poderes de negociación de los E.E.U.U. al interrumpir la corriente de suministros en el paralelo 17. A diferencia de Johnson antes que él, Nixon quería bombardear objetivos en Camboya, donde creía que las fuerzas norvietnamitas estaban enviando sus suministros para evitar las bombas estadounidenses [cccxcvii]. El 24 de febrero de 1969, Nixon comenzó a planear una campaña de bombardeo en Camboya que se conocería como la Operación Menú.

La operación tuvo que mantenerse en secreto total, incluso para el Congreso. Nunca permitirían el bombardeo de un país neutral sin una declaración de guerra. Además, si el pueblo estadounidense descubriera que el presidente que había elegido para poner fin a la guerra estaba, de hecho, ampliándola, sería crucificado por la prensa. Como resultado, todo tenía que ser aprobado por su asesor personal de Seguridad Nacional, Henry Kissinger. Kissinger seleccionó cada objetivo y coordinó los tiempos de vuelo de cada bombardeo. Le confió al General Creighton Adams la destrucción de cada documento que mostraba que el objetivo había sido Camboya. Una vez que los documentos fueron destruidos, se elaboraron nuevos, reemplazando los objetivos Camboyanos con nuevos objetivos en el Sur de Vietnam[cccxcviii].

Entre 1969-1970, Kissinger coordinó 3875 bombardeos en suelo camboyano, matando a más de 100000 civiles, extendiendo una guerra que era ilegal. Pero las bombas no tuvieron ningún impacto en los suministros norvietnamitas. Todo lo que hizo fue desestabilizar Camboya y, finalmente, crear las condiciones para que los comunistas Jemeres Rojos tomaran el control después de la guerra de Vietnam.

La 'Doctrina Nixon'

El 25 de julio de 1969, durante un discurso en la isla de Guam, Nixon describió exactamente cuál sería su estrategia con respecto a Vietnam. En lo que se conocería como la "Doctrina Nixon", Richard Nixon describió su política de "vietnamización", según la cual las fuerzas vietnamitas tomarían gradualmente el control de la lucha[cccxcix]. Creía que al hacer que el ERVN se hiciera cargo de la lucha con equipos estadounidenses y soporte aéreo, él podría evitar una invasión comunista del sur.

La Doctrina Nixon fue esencialmente un cambio de nombre de las políticas de Johnson. Muchos en la oficina de Johnson, incluido Robert McNamara, habían tenido las mismas ideas sobre cómo reducir la participación de las tropas estadounidenses en Vietnam. Nixon tampoco implementó la política de inmediato. Quería ver qué impacto tendría su campaña de bombardeo en Camboya en la guerra antes de que comenzara a implementar su política de vietnamización. Esto fue precisamente lo que Johnson intentó hacer. Bombardearlos hasta la sumisión, y luego negociar un alto el fuego[cd].

Nixon tenía un truco bajo la manga para llevar al gobierno de Vietnam del Norte a la mesa de negociaciones. Tomando prestada la idea del acercamiento de Eisenhower a Corea del Norte, Nixon quería que los vietnamitas del norte creyeran que estaba considerando el uso de armas atómicas en Vietnam. Nombrándola como la "teoría del loco", Nixon predijo que, una vez que Ho supiera que estaba considerando lanzar armas nucleares, Ho Chi Minh "estaría en París en dos días suplicando por la paz[cdi]".

Pero Nixon demostró estar irremediablemente equivocado de nuevo. ¿Por qué negociarían Ho y el Viet Minh? Los estadounidenses ya estaban pidiendo que retiraran las tropas, y Nixon tuvo que comenzar a llevar a los jóvenes a casa para cumplir sus promesas preelectorales. Los norvietnamitas sabían que sin la ayuda de las tropas estadounidenses el gobierno de Vietnam del Sur caería[cdii]; solo necesitaban ser pacientes y esperar su momento. También sabían que los E.E.U.U. tenían mucho más que perder al desplegar armas nucleares que cualquiera de los otros bandos. Con la marea pública volviéndose contra la guerra, convertir a Vietnam en un cráter nuclear no salvaría al gobierno de Vietnam del Sur ni silenciaría a los críticos de Nixon [cdiii].

Sabiendo que Nixon nunca lo aceptaría, el gobierno norvietnamita acordó comenzar las negociaciones de paz con la condición de que el gobierno de Thieu renunciara y se creara un nuevo gobierno que incluyera la representación del Viet Cong[cdiv].

En lugar de aumentar su valor de negociación, el bombardeo de Camboya solo demostraba que las ideas de Nixon para asegurar una victoria militar en Vietnam no eran mejores que las de su predecesor. Sus acciones negociadoras mermaron aún más cuando, a principios de junio, Nixon se vio obligado a retirar 25000 tropas para amortiguar el rugido de sus críticos. También anunció que retiraría otros 40000 en septiembre y que reduciría los reclutamientos[cdv].Eso le dio algo de tiempo, pero no callaría a los críticos indefinidamente.

El 2 de septiembre, Ho Chi Minh murió a los 79 años[cdvi]. Este fue otro golpe al esfuerzo de guerra estadounidense. Le Duan, Pham Van Dong y Vo Nguyen Giap habían supervisado la estrategia de guerra comunista durante muchos años. La pérdida de Ho no impactaría en la máquina de guerra comunista. Pero sí hizo que la población norvietnamita estuviera aún más decidida a salir victoriosa. La guerra contra los invasores estadounidenses había sido la lucha de Ho y, sin él, sus soldados y su gente estaban más decididos que nunca a terminar su trabajo de vida.

El rugido anti-guerra se convierte en un clamor

Desde el otoño de 1969 hasta la primavera de 1970, el movimiento contra la guerra ganó tanto impulso que parecía que Nixon estaba perdiendo el control de la situación en casa. El 15 de octubre, una serie de moratorias convocadas por el movimiento contra la guerra provocaron huelgas y protestas en universidades de todo el país. Más de 200000 personas protestaron en Washington D.C[cdvii].

Nixon necesitaba abordar el problema de frente. Sabía que representaba a la clase media americana y sentía que las protestas contra la guerra eran un asalto contra él por parte de los intelectuales de la izquierda[cdviii]. Sus niveles de aprobación sobre el asunto de Vietnam llegaron al 71%. Así que, el 3 de noviembre, Nixon pronunció su discurso de "mayoría silenciosa", donde hizo un llamado a sus compatriotas para que se unieran por la paz, "porque Vietnam del Norte no puede derrotar ni humillar a los Estados Unidos. Solo los estadounidenses pueden hacer eso[cdix]".

Sus palabras fueron proféticas. Pocos días después, Seymour Hersh publicaría la historia de la masacre de My Lai, el ejemplo mundial de toda la conducta de guerra americana humillando a los Estados Unidos.

Seymour informó que a finales de 1968, William Calley y 100 soldados de la Compañía Charlie llegaron a la pequeña aldea rural de My Lai al amanecer. Habían avisado de que había un gran contingente del Viet Cong que operaba fuera del pueblo[cdx], pero la escena que los recibió esa mañana fue la de una aldea agrícola adormilada que disfrutaba de su desayuno. El público estadounidense escuchó cómo Calley y sus hombres habían reunido a los aldeanos, violado mujeres, incendiado casas y asesinado a unos 500 civiles desarmados. Los relatos de los testigos presenciales describieron cómo los cuerpos fueron arrojados a una zanja en el borde de la ciudad, tirando granadas entre la masa de miembros sangrantes. Un niño pequeño emergió de debajo de la pila de cuerpos, donde había estado protegido de las balas y las explosiones. Corrió llorando desde la escena, pero Calley lo persiguió y lo trajo de vuelta. Arrojó al niño a la zanja y le disparó[cdxi].

La compañía Bravo llevó a cabo un ataque similar en el pueblo cercano de My Khe. En total, la masacre en las dos aldeas dejó 504 civiles vietnamitas muertos, incluidas 182 mujeres y 173 niños [cdxii].

Como era de esperar, muchos de los aldeanos que sobrevivieron al ataque se unieron al Viet Cong en la lucha contra los estadounidenses[cdxiii].

Calley compareció ante un tribunal militar por sus acciones, pero nadie más lo hizo. En 1971 fue declarado culpable de asesinato, pero Nixon intervino en su nombre y aseguró que fuera liberado de la prisión tres meses después[cdxiv].

El descubrimiento de las atrocidades cometidas por los americanos en Vietnam empeoró aún más la opinión pública sobre la guerra. La guerra había convertido a los buenos muchachos estadounidenses en asesinos y salvajes. El público también se dio cuenta pronto de que no solo las tropas en la guerra cometían actos ilegales. El 30 de abril de 1970, la prensa reveló la campaña secreta de bombardeos de Nixon en Camboya. Habiendo sido revelado todo, Nixon no vio razón para contenerse. Él envió tropas de tierra a Camboya para eliminar las bases de EVN a lo largo de la frontera[cdxv].

Con la guerra de Nixon siendo desenmascarada ante sus propios ojos, las protestas comenzaron de nuevo con firmeza en los campus universitarios. Cuatro días después de que las noticias de Operación Menú se hicieran públicas, en Akron, Ohio, la Guardia Nacional de Ohio disparó 67 veces a estudiantes protestantes. Mataron a cuatro estudiantes y dejaron paralítico a otro[cdxvi]. Nixon estaba perdiendo el control de la guerra. Era hora de comenzar a negociar.

El principio del fin

El 21 de febrero de 1970, Henry Kissinger se reunió en secreto con Le Duc Tho, el delegado de Vietnam del Norte, en París. La reunión sería la primera de muchas en un proceso de paz que abarcaría tres años. Había canales oficiales de negociaciones, pero tanto Nixon como Kissinger preferían las reuniones clandestinas lejos de las miradas indiscretas de los medios. Al conducir negociaciones de paz a puertas cerradas, la astuta pareja podía excluir al Secretario de Estado William Rogers y al Secretario de Defensa Melvin Laird. También podían mantener a Thieu fuera de escena, que nunca aceptaría ningún acuerdo que pudiera dejar al gobierno de Vietnam del Sur en una posición desfavorecida[cdxvii].

Esto también se adaptó en Hanoi. Vieron las negociaciones como una forma de dividir a los E.E.U.U. de sus aliados sur vietnamitas. Kissinger prefirió llevar a cabo las negociaciones lejos de las miradas indiscretas de la prensa estadounidense. Podía filtrar fragmentos de información a ciertas publicaciones y periodistas que le gustaran y en los que confiara, pero podía ejercer un control estricto sobre qué información era accesible o no para el público estadounidense[cdxviii].

Las negociaciones de paz en 1970 produjeron resultados limitados. Le Duc Tho tuvo que consultar todos los acuerdos al gobierno en Hanoi, lo que ralentizó todo el proceso. A menudo llegaba a las negociaciones con dolor de cabeza. Cuando se encontraba con este estado de ánimo, Kissinger y su delegación sabían que ningún progreso podría ser posible ese día[cdxix].

Pero Le Duc Tho y los norvietnamitas no tenían motivos para apresurarse. El apoyo público a la guerra se estaba desvaneciendo y cada retiro de tropas que el público forzaba a Nixon a hacer, reducía el poder de negociación de los E.E.U.U. Con las protestas en los campus de todo Estados Unidos convirtiéndose en un hecho semanal, Nixon retiró las tropas de combate estadounidenses de Camboya a finales de 1970[cdxx]. Estaba claro que la campaña militar de Estados Unidos en el campo de batalla no les garantizaría condiciones de negociación más favorables. Sería Kissinger quien tendría que negociar el mejor acuerdo posible dado el estancamiento existente.

Aunque Kissinger tenía relativa libertad sobre las negociaciones, Hanoi insistió en que un acuerdo debía incluir la renuncia del gobierno de Saigón y la formación de un nuevo gobierno de coalición. Esto iba más allá de lo que Kissinger podía aceptar. Nixon había confiado a Kissinger la misión de implementar la "paz con honor", y cualquier acuerdo que trajera a los comunistas al gobierno de Vietnam del Sur no podía ser vendido al público estadounidense como honorable.

A finales de 1970, el número de tropas estadounidenses se había reducido a solo 280000, y el ERVN estaba luchando para compensar a las tropas de los E.E.U.U. Habían sido enseñados bajo la guía de asesores militares de los E.E.U.U. desde los años 50, pero los métodos que habían aprendido eran métodos convencionales de guerra, totalmente inadecuados para las tácticas de guerrilla empleadas por los comunistas[cdxxi]. A principios de 1971, el General Haig viajó a Vietnam para evaluar la situación. Sus conclusiones fueron de todo menos alentadoras. Haig describió la estrategia de los soldados en el campo de batalla de Thieu como una retirada "de una manera ordenada y tácticamente sensata[cdxxii]".

La situación en casa estaba llegando a nuevos límites. William Scranton describió la división en la sociedad estadounidense como "tan profunda como cualquiera desde la Guerra Civil[cdxxiii]". Las cosas estaban a punto de empeorar. En 1971, los documentos del Pentágono delinearon la política gubernamental sobre Vietnam de 1945 a 1967. Los documentos mostraban al público el escepticismo del gobierno de que la escalada militar daría resultados y lo lejos que la administración Johnson había llegado para persuadir al público sobre el progreso en Vietnam[cdxxiv]. Esto volvió a más personas en el país en contra de la guerra. Habían sido engañados acerca de la escalada y el progreso de la guerra, y ahora tenían un presidente que había intensificado la guerra en lugar de llevarla a su fin de manera rápida.

También estaba surgiendo cierta fricción entre los soldados estadounidenses que todavía estaban estacionados en Saigón y el ERVN. Mientras las tropas estadounidenses volaban a miles a sus casas durante 1970 y 1971, la población survietnamita comenzó a resentirse contra sus huéspedes estadounidenses. Vieron la retirada de las tropas de E.E.U.U. como el abandono de Vietnam del Sur a su suerte. Las pequeñas discusiones entre los soldados de las fuerzas armadas y las tropas de ERVN por choques entre coches o maquinaria rápidamente comenzaron a derivar en una confrontación[cdxxv].

El camino hacia la paz yacía a través de China

Con una negociación de paz que había fracasado, y teniendo aún fuerzas estadounidenses en Vietnam que sumaban alrededor de 140000, Kissinger y Nixon necesitaban idear una nueva estrategia para impulsar las conversaciones de paz en París.

Hanoi había dependido de las armas y municiones soviéticas desde el comienzo de la guerra, y el arroz chino mantuvo alimentada a su población mientras destinaban todos sus recursos al esfuerzo bélico. A comienzos de 1972, se presentó una oportunidad para que Henry Kissinger utilizara las cambiantes relaciones chino-soviéticas para presionar a los norvietnamitas a considerar un acuerdo de paz.

La oportunidad de descongelar las relaciones con China se presentó cuando la relación chino-soviética se encontraba bajo presión debido a una disputa fronteriza y la interferencia china en la cadena de suministro soviética al norte de Vietnam que pasaba a través de China[cdxxvi]. Henry Kissinger se embarcó en una visita secreta a China en 1971, pero no se lograron progresos importantes en la normalización de las relaciones chino-estadounidenses hasta la visita de Nixon al año siguiente.

Para defenderse de la creciente amenaza soviética, Mao Zedong se entusiasmó con la idea de la reconciliación con los Estados Unidos. Este sería un escenario de pesadilla para Hanoi. Si Pekín y Washington forjaran lazos amistosos y el gobierno chino dejara de proporcionar ayuda a Hanoi para unificar Vietnam, los norvietnamitas se verían obligados a abandonar la lucha. Nixon llegó a Pekín el 21 de febrero de 1972, decidido a hacer un trato con Mao. Finalmente, obtuvo su deseo. Mao acordó presionar a Hanoi para que hiciera las paces con los Estados Unidos, siempre que Estados Unidos retirara sus tropas de Taiwán[cdxxvii].

Pero Nixon tendría que esperar un poco más para conseguir la paz. Ante la perspectiva de ser coaccionados por los chinos para firmar un acuerdo de paz, Hanoi lanzó un último empujón para lograr la unificación de Vietnam por medios militares. En la primavera de 1972, Hanoi lanzó su ofensiva final desde su base en Laos y Camboya. La ofensiva no terminó con el estancamiento militar y político y, en respuesta, Nixon lanzó una intensa campaña de bombardeos en todo el norte[cdxxviii]. La próxima vez que Hanoi llegara a la mesa de negociaciones en París, tendrían una perspectiva diferente para comprometerse.

En 1972, las demandas de los E.E.U.U. en las reuniones de París se centraron en el regreso inmediato de todos los prisioneros de guerra de los E.E.U.U. y un alto al fuego que pondría fin a los enfrentamientos en Vietnam y se extendería a Camboya y Laos. El delegado norvietnamita volvió a las negociaciones en el verano y el otoño de 1972, dispuesto a aceptar que el gobierno de Thieu no se disolviera[cdxxix]. También querían garantías por parte de los Estados Unidos de que recibirían ayuda para reconstruir sus ciudades y los pueblos que habían sido destruidos por los bombardeos de los E.E.U.U.

Una vez que el gobierno comunista dejara de insistir en la formación de un gobierno de coalición, se podría llegar a un acuerdo de manera relativamente rápida. Para octubre, Kissinger y Le Duc Tho tenían un acuerdo redactado y listo para presentar a sus respectivos gobiernos[cdxxx].

¿Cómo resuelves un problema como Thieu?

Nixon inmediatamente dio su aprobación; todo lo que quedaba era un viaje a Saigón e incluir a Thieu en el trato. A mediados de octubre de 1972, Kissinger tuvo la difícil tarea de presentarle el acuerdo a Thieu y persuadirlo de las ventajas de firmar dicho acuerdo para los vietnamitas del sur. Kissinger le aseguró a Thieu que si el norte rompía el alto el fuego e intentaba reunificar a Vietnam por medios militares una vez que los estadounidenses se hubieran ido, la Fuerza Aérea de E.E.U.U. reanudaría de inmediato los intensos bombardeos en el norte. También prometió al gobierno de Thieu una inyección de ayuda antes de firmar el acuerdo para que el régimen sureño se encontrara en la posición más fuerte posible una vez que entrara en vigor[cdxxxi].

Thieu estaba furioso. Se sintió engañado y traicionado por los estadounidenses y sintió que su exclusión de las conversaciones de paz había sido un intento deliberado de negociar en nombre de Vietnam del Sur a sus espaldas. Sintió que los estadounidenses estaban forzando un acuerdo sobre los sur vietnamitas sin considerar sus necesidades y sus deseos. Su principal motivo de queja era la idea de que a las fuerzas comunistas se les permitiría permanecer en el sur, pero tenía otros problemas menores con casi todos los puntos del acuerdo, incluida la redacción, la cual consideraba débil[cdxxxii].

En lugar de regresar a París y repetir las enmiendas de Thieu con la delegación de Vietnam del Norte, Nixon y Kissinger le pidieron al gobierno norvietnamita que esperara. Pensaron que podrían persuadir a Thieu para que aceptara el acuerdo. El gobierno de Hanoi interpretó la medida como una indicación de que Estados Unidos se estaba retractando del acuerdo y emitieron declaraciones de prensa criticando al gobierno de Nixon[cdxxxiii].

Kissinger y su delegación regresaron a la mesa de negociaciones en París en noviembre. La delegación de Vietnam del Norte había abandonado su posición comprometedora y, en su lugar, quería recuperar muchas de sus concesiones iniciales. Habiendo estado tan cerca de un acuerdo de alto el fuego, Kissinger podía ver todo el progreso que había logrado desde 1970 revelándose ante sus propios ojos. Las negociaciones colapsaron el 13 de diciembre.

Nixon estaba furioso. De inmediato planeó la operación Linebacker II, una gran campaña de bombardeo diseñada para mostrar a Hanoi precisamente lo que sucedería si permitían el colapso de las negociaciones de paz. Entre el 18 y el 29 de diciembre, los aviones estadounidenses arrojaron 20000 toneladas de bombas sobre Hanoi y

Haiphong, matando a más de 1600 civiles. Nixon solo terminó el bombardeo porque Hanoi acordó reanudar las conversaciones de paz[cdxxxiv].

Una vez que las conversaciones de paz se reanudaron en enero, las cosas progresaron mucho más rápido. Los comunistas dejaron de presentar nuevas demandas y el acuerdo de octubre fue arreglado de nuevo con modificaciones mínimas. El acuerdo fue elaborado y finalizado el 23 de enero[cdxxxv], en medio de las celebraciones y el brindis. Pero quedaba algo pendiente: los E.E.U.U. aún tenían que convencer a Thieu.

Esta vez, el mismo Nixon quería insistir a Theiu que este era el final del camino. Le escribió a Thieu una serie de cartas duras en las que enfatizaba que los Estados Unidos habían negociado el mejor trato posible. Le dijo al régimen de Saigón que lo había dado todo: E.E.U.U. había derramado cada gota de sangre que pudo. Aseguró a Thieu que los E.E.U.U. continuarían apoyando al gobierno de Saigón, pero que Thieu necesitaba sumarse a este acuerdo. Thieu aceptó a regañadientes, permitiendo que el Secretario de Estado William Rogers volara hasta París y firmara el acuerdo el 27 de enero de 1973.

Retirada

Nixon lanzó una declaración al público celebrando su logro del "objetivo de la paz con honor en Vietnam[cdxxxvi]". Las últimas tropas estadounidenses salieron de Vietnam el 29 de marzo y Hanoi devolvió el último prisionero de guerra estadounidense el 29 de marzo[cdxxxvii]. El Congreso detuvo el bombardeo de Camboya el 14 de agosto[cdxxxviii], y sería entendible creer que todo el miserable conflicto de Vietnam había terminado. Lamentablemente, el final de la era de Vietnam no llegaría hasta dos años más tarde.

El acuerdo de alto el fuego finalmente se derrumbaría. A los pocos meses de firmar el acuerdo de alto el fuego, los comunistas ya estaban tentando la suerte con algunas escaramuzas armadas. Pero el bando de los E.E.U.U. tampoco cumplió sus compromisos. Hanoi nunca recibió ninguna de las ayudas económicas prometidas en virtud de los acuerdos de París. Cuando los comunistas comenzaron a lanzar pequeños ataques una vez más en el sur, el Congreso esencialmente cortó la ayuda militar y económica al gobierno de Vietnam del Sur. Los E.E.U.U. no cumplieron ninguno de sus compromisos de ayuda con los gobiernos del norte o del sur[cdxxxix].

En 1974, Thieu le dice al gobierno de los Estados Unidos que la guerra ha comenzado de nuevo y, para junio, los comunistas ya están aumentando el flujo de hombres y suministros hacia el sur una vez más. En septiembre, Hanoi trazó planes para renovar los combates.

A lo largo de 1975, sin ayuda de los E.E.U.U., Vietnam del Sur cayó ante los comunistas invasores. Comenzando con la provincia de Phuoc Long en enero, los norvietnamitas gradualmente se mudaron al sur, ocupando las ciudades y provincias del sur. Hue cayó a finales de marzo y el 30 de abril, las fuerzas comunistas tomaron Saigón[cdxl].

Es imposible saber si el resultado hubiera sido diferente si los E.E.U.U. hubieran otorgado a ambas partes su ayuda prometida, pero, al retirarla, los E.E.U.U. habían sellado el destino de Vietnam.

Conclusión

Las fallas de Estados Unidos en Vietnam siguen siendo una especie de enigma. ¿Cómo se desató la superpotencia militar del mundo contra una pequeña fuerza militar atrasada del Sudeste Asiático? Tanto así que el país caería bajo el control comunista dentro de los dos años posteriores a la retirada de las tropas estadounidenses. Los E.E.U.U. invirtieron 56000 vidas y más de 141 mil millones de dólares[cdxli], pero, aun así, no pudieron evitar lo inevitable.

Parte del problema radicó en la actitud de los presidentes estadounidenses hacia Vietnam. Nadie quería perder la guerra, pero nadie quería librar una guerra ilimitada tampoco, por temor a la intervención china o al rechazo público en casa. Johnson limitó su guerra aérea y Nixon no pudo ser visto públicamente comprometiendo más recursos de los E.E.U.U. para asegurar una victoria estadounidense.

El otro problema fue que los estadounidenses nunca entendieron completamente los matices de Vietnam. Tiempo atrás en la década de 1950 bajo Ngo Dinh Diem, los E.E.U.U. no entendieron cómo su destitución socavaría a todo el régimen de Saigón. La campaña de Johnson "Rolling Thunder" fue ineficaz debido a una completa incomprensión de cómo los norvietnamitas operaban sus líneas de suministro y organizaban su comando militar en el campo de batalla. Las misiones de búsqueda y destrucción impulsaron activamente a las comunidades rurales a expandir las filas del Viet Cong, y la obsesión de Westmoreland con los conteos y las estadísticas ofrecieron una representación completamente inexacta de la progresión de la guerra.

Los E.E.U.U. tampoco lograron avances con los aliados de los comunistas norvietnamitas. No fue hasta 1971 cuando se exploró la posibilidad de cooperar con China y se obtuvieron resultados significativos en las negociaciones de paz. Si los estadounidenses hubieran explorado este camino antes y hubieran encontrado un acuerdo para limitar la asistencia chino-soviética al norte de Vietnam, el régimen de Hanoi habría sido llevado por estrangulación a la mesa de negociación. Además, si los estadounidenses no hubieran brindado tanta ayuda a los vietnamitas del sur, China y la Unión Soviética habrían brindado menos apoyo al norte, y la Guerra Civil vietnamita podría haber tenido lugar tranquilamente por sí misma, sin la participación de las superpotencias del mundo.

El legado de Vietnam

Las fallas estadounidenses no solo ocurrieron durante la era de Vietnam. Se han suicidado más veteranos de guerra estadounidenses desde la guerra de Vietnam de los que murieron en el conflicto mismo. El espectro de la Guerra de Vietnam atormentó la psique estadounidense durante décadas después de que las últimas tropas regresaran a casa. Los soldados lucharon contra la adicción a las drogas y el trastorno por estrés postraumático mientras trataban de dar sentido al conflicto en el que su gobierno los había involucrado.

Esto palidece en comparación con el legado de la guerra en la población vietnamita. Los bebés nacidos con deformidades causadas por productos químicos defoliantes rociados en la población plagaron a la población vietnamita en los años de la posguerra. La guerra se cobró 1,35 millones de vidas, la mayoría de las cuales eran civiles. Casi todas las familias en el país habían perdido a alguien y se vieron obligadas a comenzar a reconstruir su país y sus medios de subsistencia.

Algunos aspectos de la guerra de Vietnam también se han utilizado en conflictos globales desde entonces. La ofensiva del Tet fue replicada por el movimiento de insurgencia iraquí en Bagdad, hasta cierto grado de éxito, y Donald Trump está empleando su propia versión del enfoque "loco" de Nixon, sugiriendo que podría pulsar el botón nuclear en cualquier momento.

La Guerra de Vietnam fue una guerra civil, una guerra colonial, una lucha nacionalista y un conflicto internacional. Junto con su homóloga coreana, la Guerra de Vietnam representó un capítulo en la historia de la Guerra Fría, pero también una guerra independiente con sus raíces atrincheradas en los años de la ocupación francesa. Obligó a los E.E.U.U. a confrontar sus limitaciones de una manera que ningún conflicto había hecho anteriormente, y los efectos de la guerra continúan revoloteando en la sociedad estadounidense actual.

Más de cuatro décadas después, los historiadores continúan lidiando con el complejo tema de la Guerra de Vietnam. Cada documento desclasificado ofrece una perspectiva aparentemente nueva sobre el conflicto, reformulando nuestra comprensión de aquel evento repetidamente. Aparecerán nuevas interpretaciones, pero no se puede exagerar el impacto histórico total de la guerra de Vietnam.

Fuentes

[i] Kawasaki, Yutaka. "Was the 1910 Annexation Treaty Between Korea and Japan Concluded Illegally", *Murdoch University Electronic Journal of Law*, 3,2 (1996). http://www.murdoch.edu.au/elaw/issues/v3n2/kawasaki.html. Consultado: [1 de agosto de 2017]

[ii] McNamara, Dennis L. *The Colonial Origins of Korean Enterprise: 1910-1945* (Cambridge: Cambridge University Press: 1990) p.36

[iii] Savada, Andrea Matles and Shaw, William. Eds. *South Korea: A Country Study* (Washington: GPO for the Library of Congress: 1990) http://countrystudies.us/south-korea/7.htm Consultado: [1 de agosto de 2017]

[iv] McNamara, Dennis L. *The Colonial Origins of Korean Enterprise: 1910-1945* (Cambridge: Cambridge University Press: 1990) p.36

[v] Savada, Andrea Matles and Shaw, William. Eds. *South Korea: A Country Study* (Washington: GPO for the Library of Congress: 1990) http://countrystudies.us/south-korea/7.htm Consultado: [1 de agosto de 2017]

[vi] McNamara, Dennis L. *The Colonial Origins of Korean Enterprise: 1910-1945* (Cambridge: Cambridge University Press: 1990) p.34

[vii] McNamara, Dennis L. *The Colonial Origins of Korean Enterprise: 1910-1945* (Cambridge: Cambridge University Press: 1990) p.36

[viii] Savada, Andrea Matles and Shaw, William. Eds. *South Korea: A Country Study* (Washington: GPO for the Library of Congress: 1990) http://countrystudies.us/south-korea/7.htm Consultado: [1 de agosto de 2017]

[ix] McNamara, Dennis L. *The Colonial Origins of Korean Enterprise: 1910-1945* (Cambridge: Cambridge University Press: 1990) p.36

[x] Savada, Andrea Matles and Shaw, William. Eds. *South Korea: A Country Study* (Washington: GPO for the Library of Congress: 1990) http://countrystudies.us/south-korea/7.htm Consultado: [1 de agosto de 2017]

[xi] McNamara, Dennis L. *The Colonial Origins of Korean Enterprise: 1910-1945* (Cambridge: Cambridge University Press: 1990) p.36

[xii] Savada, Andrea Matles and Shaw, William. Eds. *South Korea: A Country Study* (Washington: GPO for the Library of Congress: 1990) http://countrystudies.us/south-korea/7.htm Consultado: [1 de agosto de 2017]

[xiii] Pang, Kie-chung, *Landlords, Peasants and Intellectuals in Modern Korea* (Ithaka, NY: Cornell University: 2005)

[xiv] Millet, Alan R. "The Korean People Missing in Action in the Misunderstood War, 1845-1954" in Stueck, Wiliam, ed. *The Korean War in World History* (Kentucky: University Press of Kentucky: 2004) p.13

[xv] Ibid. P.17

[xvi] Ibid.

[xvii] Ibid. P.18

[xviii] Ibid

[xix] Liu, Xiaoyuan, "Sino-American Diplomacy over Korea During World War II" in *The Journal of American-East Asian Relations*, 1, 2 (1992) p.233

[xx] Ibid

[xxi] Millet, Alan R. "The Korean People Missing in Action in the Misunderstood War, 1845-1954" in Stueck, Wiliam, ed. *The Korean War in World History* (Kentucky: University Press of Kentucky: 2004) p.17

[xxii] Daws, Gavan, *Prisoners of the Japanese: POWs of World War II in the Pacific* (New York: W. Morrow: 1994)

[xxiii] Shoten, Iwanami, *Comfort Women: Sexual Slavery in Japanese Military During World War II*, (New York: Columbia University Press: 2000)

[xxiv] Williamson, Lucy, 'Comfort Women: South Korea's Survivors of Japanese Brothels', *BBC News*, 2013, http://www.bbc.com/news/magazine-22680705, Consultado: [3 de agosto de 2017]

[xxv] Ibid.

[xxvi] Liu, Xiaoyuan, 'Sino-American Diplomacy over Korea during World War II', *The Journal of American-East Asian Relations*, 1, 2, 1992, p.227

[xxvii] Ibid. p.226

[xxviii] Ibid. p.233

[xxix] Ibid. p.243

[xxx] Ibid. p.244

[xxxi] Ibid. p.247

[xxxii] Ibid. p.254

[xxxiii] Ibid. p.259

[xxxiv] Ibid.

[xxxv] Barry, Mark P. 'The US and the 1945 Division of Korea: Mismanaging the "Big Decisions"', *International Journal on World Peace*, 29,4, 2012, p.42

[xxxvi] Ibid. P.43

[xxxvii] Lee, Won Sul, *The United States and the Division of Korea*, (Seoul: Kyunghee University Press: 1982) pp.68-69

[xxxviii] Barry, Mark P. 'The US and the 1945 Division of Korea: Mismanaging the "Big Decisions"', *International Journal on World Peace*, 29,4, 2012, p.44

[xxxix] Ibid. pp.46-47

[xl] Ibid. p.49

[xli] Ibid.

[xlii] Editorial, 'Ghosts of Cheju', *Newsweek*, 2000, http://www.newsweek.com/ghosts-cheju-160665 Consultado: [6 de agosto de 2017]

[xliii] Cummings, Bruce, *The Korean War: a History,* (New York: Random House: 2010), p.106

[xliv] Savada, Andrea Matles and Shaw, William. Eds. *South Korea: A Country Study* (Washington: GPO for the Library of Congress: 1990) http://countrystudies.us/south-korea/7.htm Consultado: [1 de agosto de 2017]

[xlv] Lee, Chong-Sik, 'Politics in North Korea: Pre-Korean War Stage', *the China Quarterly*, 14, 1963, pp 3-16

[xlvi] Savada, Andrea Matles and Shaw, William. Eds. *South Korea: A Country Study* (Washington: GPO for the Library of Congress: 1990) http://countrystudies.us/south-korea/7.htm Consultado: [1 de agosto de 2017]

[xlvii] Central Intelligence Agency, *North and South Korea: Separate Paths of Economic Development*, ER IM 72-82, 1972. <

https://www.cia.gov/library/readingroom/docs/CIA-RDP85T00875R001700030082-7.pdf> [Consultado el 13 de agosto de 2017]

[xlviii] Savada, Andrea Matles and Shaw, William. Eds. *South Korea: A Country Study* (Washington: GPO for the Library of Congress: 1990) http://countrystudies.us/south-korea/7.htm Consultado: [1 de agosto de 2017]

[xlix] Ibid.

[l] Ibid.

[li] Ibid.

[lii] Merril, John Roscoe, 'The Cheju-do Rebellion', *Journal of Korean Studies*, 2, 1, 1980, pp.139-197

[liii] Editorial, 'Ghosts of Cheju', *Newsweek*, 2000, http://www.newsweek.com/ghosts-cheju-160665 Consultado: [6 de agosto de 2017]

[liv] Ibid.

[lv] Savada, Andrea Matles and Shaw, William. Eds. *South Korea: A Country Study* (Washington: GPO for the Library of Congress: 1990) http://countrystudies.us/south-korea/7.htm Consultado: [1 de agosto de 2017]

[lvi] Lee, Chong-Sik, 'Politics in North Korea: Pre-Korean War Stage', *the China Quarterly*, 14, 1963, p.3

[lvii] Ibid. p.4

[lviii] Ibid.

[lix] Ibid. p.9

[lx] Ibid. p.4

[lxi] Ibid. p.5

[lxii] Ibid. p. 5

[lxiii] Lankov, Andrei, *The Real North Korea: Life and Politics in the Failed Stalinist Utopia*, (Oxford: Oxford University Press, 2014) p.9

[lxiv] Lee, Chong-Sik, 'Politics in North Korea: Pre-Korean War Stage', *the China Quarterly*, 14, 1963, p.5

[lxv] Ibid. p13

[lxvi] Savada, Andrea Matles, ed., *North Korea: A Country Study*, (Washington: GPO for the Library of Congress, 1993) <http://countrystudies.us/north-korea/> Consultado: [13 de agosto de 2017]

[lxvii] Ibid.

[lxviii] Lee, Chong-Sik, 'Politics in North Korea: Pre-Korean War Stage', *the China Quarterly*, 14, 1963, p.8

[lxix] Savada, Andrea Matles, ed., *North Korea: A Country Study*, (Washington: GPO for the Library of Congress, 1993) <http://countrystudies.us/north-korea/> Consultado: [13 de agosto de 2017]

[lxx] Ibid. p.9

[lxxi] Ibid.

[lxxii] Ibid. p.13

[lxxiii] Shtykov, Terenti, 'Telegram from Shtykov to Vyshinsky,' September 3, 1949, *Digital Archive: International History Declassified*, Wilson Center, <http://digitalarchive.wilsoncenter.org/document/112129> Consultado: [15 de agosto de 2017]

[lxxiv] Communist Party of the Soviet Union Politburo, 'September 24, 1949 Politburo Decision to Confirm the Following Directive to the Soviet Ambassador in Korea,' *Digital Archive: International History Declassified*, Wilson Center, <http://digitalarchive.wilsoncenter.org/document/112133>, Consultado: [15 de agosto de 2017]

[lxxv] Shtykov, Terenti, "Meeting between Stalin and Kim Il Sung," March 5, 1949, *Digital Archive: International History Declassified*, Wilson Center, <http://digitalarchive.wilsoncenter.org/document/112127>, Consultado: [15 de agosto de 2017]

[lxxvi] Millett, Allan R., *The War for Korea,1945-1950: A House Burning*, (Lawrence: University Press of Kansas, 2005), p.193

[lxxvii] Terenti Shtykov, "Meeting between Stalin and Kim Il Sung," March 5, 1949, *Digital Archive: International History Declassified*, Wilson Center, <http://digitalarchive.wilsoncenter.org/document/112127>, Consultado: [15 de agosto de 2017]

[lxxviii] Millett, Allan R. , *The War for Korea,1945-1950: A House Burning*, (Lawrence: University Press of Kansas, 2005), p.194

[lxxix] Kovalev, Ivan, 'Soviet Report on the Results of Chinese-Korean Talks on Military Cooperation,' May 18, 1949, *Digital Archive: International History*

Declassified, Wilson Center <http://digitalarchive.wilsoncenter.org/document/114898> , Consultado: [15 de agosto de 2017]

[lxxx] Thornton, Richard C., *Odd Man Out: Truman, Stalin, Mao and the Origins of the Korean War*, (Washington, DC: Brassey's, 2001), p.2

[lxxxi] Shtykov, Terenti, 'Telegram Shtykov to Vyshinsky on a Luncheon at the Ministry of Foreign Affairs of the DPRK,' January 19, 1950, *Digital Archive: International History Declassified,* Wilson Center, <http://digitalarchive.wilsoncenter.org/document/112135> , Consultado: [15 de agosto de 2017]

[lxxxii] Joseph Stalin, 'Telegram from Stalin to Shtykov,' January 30, 1950, *Digital Archive: International History Declassified,* Wilson Center, <http://digitalarchive.wilsoncenter.org/document/112136> , Consultado: [15 de agosto de 2017]

[lxxxiii] Thornton, Richard C., *Odd Man Out: Truman, Stalin, Mao and the Origins of the Korean War*, (Washington, DC: Brassey's, 2001), p.101

[lxxxiv] Ibid. p.102

[lxxxv] Ibid. p.103

[lxxxvi] Stueck, William, *Rethinking the Korean War: A New Diplomatic and Strategic History* (Princeton, NJ: Princeton University Press, 2002), p.73

[lxxxvii] Thornton, Richard C., *Odd Man Out: Truman, Stalin, Mao and the Origins of the Korean War*, (Washington, DC: Brassey's, 2001), p.2

[lxxxviii] Vyshinsky, Andrey, "Cable from Vyshinsky to Mao Zedong, Relaying Stalin's Stance on Permission for North Korea to attack South Korea."

[lxxxix] Stueck, William, *Rethinking the Korean War: A New Diplomatic and Strategic History* (Princeton, NJ: Princeton University Press, 2002), p.75

[xc] Gunther, John, *The Riddle of MacArthur*, (New York: Harper and Row: 1951), p.172

[xci] Gupta, Karunakar, 'How Did the Korean War Begin?', *China Quarterly*, 52, 1972, pp. 699-716, p.702

[xcii] Ibid.

[xciii] Stone, J.F., *The Hidden History of the Korean War*, (London: Turnstile Press: 1952), pp.46-7

[xciv] Gupta, Karunakar, 'How Did the Korean War Begin?', *China Quarterly*, 52, 1972, pp. 699-716, p.703

[xcv] Ibid. p.704

[xcvi] Ibid.

[xcvii] Ibid. 705

[xcviii] Ibid. pp.705-7

[xcix] Ibid. p.709

[c] Ibis. p.714

[ci] Allen, Richard C. , *Korea's Syngman Rhee* (Tokyo: Charles E. Cuttle Co., 1960), p. 117

[cii] Pritt, D. N., *New Light on Korea*, (London: Trinity Trust: 1951) pp.12-13

[ciii] Gupta, Karunakar, 'How Did the Korean War Begin?', *China Quarterly*, 52, 1972, pp. 699-716, p.703

[civ] Acheson to Johnson, 28 June 1950, FRUS, 1950, vol. 7: 217; Lindsay Memoran dum, 28 June 1950, RG 218, CCS 383.21 Korea (3-19-45), Section 21, NA; *Truman, Years of Trial and Hope*, pp 340-41.

[cv] 'Drumright to Acheson, 29 June 1950, FRUS, 1950, vol. 7: 220; Schnabel, *Policy and Direction*, p.74.

[cvi] Appleman, Roy E., *South to the Naktong, North to the Yalu (June-November 1950)*, (Washington, D.C.: Government Printing Office: 1961), pp.44-5

[cvii] Matray, James, 'America's Reluctant Crusade: Truman's Commitment of Combat Troops in the Korean War', *The Historian*, 42, 3, 1980, p.450

[cviii] Ibid. p.451

[cix] Ibid.

[cx] Park, Hong-Kyu, 'American Involvement in the Korean War', *The History Teacher*, 16, 2, 1983, pp.249-243, p.253

[cxi] Trussel, C.P., "Red Underground' in Federal Posts Alleged By Editor: In New Deal Era-Ex-Communist Names Algar Hiss, Then in State Department-Wallace Aides on List-Chambers Also Includes Former Treasury Official, White-Tells of Fears for His Life', *New York Times*, Aug 3, 1948

[cxii] Cummins Bruce, *The Korean War: A History*, (New York: Random House: 2010), pp.14-15

[cxiii] Ibid. p.15

[cxiv] Ibid. p.18

[cxv] Ibid.

[cxvi] Ibid. p.16

[cxvii] Ibid. pp.16-17

[cxviii] Ibid. p.18

[cxix] Ibid.

[cxx] Ibid.

[cxxi] Ibid. p.21

[cxxii] Stockwin, Harvey, 'MacArthur's Audacious Landing at Inchon Astounded Everyone- Except Mao', *The Japan Times*, 2000, <https://www.japantimes.co.jp/opinion/2000/09/21/commentary/world-commentary/macarthurs-audacious-landing-at-inchon-astounded-everyone-except-mao/#.WaB7kiiGPIV> , Consultado: [24 de agosto de 2017]

[cxxiii] Ibid.

[cxxiv] Ibid.

[cxxv] Ibid.

[cxxvi] Stockwin, Harvey, 'MacArthur's Audacious Landing at Inchon Astounded Everyone- Except Mao', *The Japan Times*, 2000, <https://www.japantimes.co.jp/opinion/2000/09/21/commentary/world-commentary/macarthurs-audacious-landing-at-inchon-astounded-everyone-except-mao/#.WaB7kiiGPIV> , Consultado: [24 de agosto de 2017]

[cxxvii] Cummins Bruce, *The Korean War: A History*, (New York: Random House: 2010), p.19

[cxxviii] Ibid.

[cxxix] Stockwin, Harvey, 'MacArthur's Audacious Landing at Inchon Astounded Everyone- Except Mao', *The Japan Times*, 2000, <https://www.japantimes.co.jp/opinion/2000/09/21/commentary/world-

commentary/macarthurs-audacious-landing-at-inchon-astounded-everyone-except-mao/#.WaB7kiiGPIV> Consultado: [24 de agosto de 2017]

[cxxx] Cummins Bruce, *The Korean War: A History*, (New York: Random House: 2010), p.19

[cxxxi] National Security Council Report, NSC 81/1, "United States Courses of Action with Respect to Korea"," September 09, 1950, History and Public Policy Program Digital Archive, Truman Presidential Museum and Library <http://digitalarchive.wilsoncenter.org/document/116194>, Consultado: [24 de agosto de 2017]

[cxxxii] Ibid.

[cxxxiii] Cummins Bruce, *The Korean War: A History*, (New York: Random House: 2010), p.22

[cxxxiv] Ibid. p.19

[cxxxv] Ibid. p.20

[cxxxvi] Ibid. p.23

[cxxxvii] Zhou, Bangning, 'Explaining China's Intervention in the Korean War in 1950', *Interstate- Journal of International Affairs*, 2015, 1

[cxxxviii] Cummins Bruce, *The Korean War: A History*, (New York: Random House: 2010), p.24

[cxxxix] Ibid.

[cxl] Ibid.

[cxli] Ibid.

[cxlii] Zhou, Bangning, 'Explaining China's Intervention in the Korean War in 1950', *Interstate- Journal of International Affairs*, 2015, 1

[cxliii] Cummins Bruce, *The Korean War: A History*, (New York: Random House: 2010), p.25

[cxliv] Ibid. pp.26-27

[cxlv] Ibid. p.28

[cxlvi] Ibid. p.25

[cxlvii] Garver, John W., 'Reviewed Works: China's Road to the Korean War: The Making of the Sino-American Confrontation' By Chen Jian, *The China Quarterly*, 1995, 144, p.1200

[cxlviii] Ibid.

[cxlix] Cummins Bruce, *The Korean War: A History*, (New York: Random House: 2010), p.28

[cl] Ibid. pp.27-28

[cli] Ibid. 29

[clii] Ibid.

[cliii] Brands, H.W., 'The Redacted Testimony that Fully Explains Why General MacArthur was Fired', *Smithsonian*, 2016, <http://www.smithsonianmag.com/history/redacted-testimony-fully-explains-why-general-macarthur-was-fired-180960622/> , Consultado: [28 de agosto de 2017]

[cliv] Ibid.

[clv] Ibid.

[clvi] Ibid.

[clvii] Ibid.

[clviii] Ibid.

[clix] Ibid.

[clx] Hallion, Richard P., Cliff, Roger and Saunders, Phillip C., eds, *The Chinese Air Force: Evolving Concepts, Roles, and Capabilities*, (Washington D.C: National Defense University Press: 2012), p.73

[clxi] Brands, H.W., 'The Redacted Testimony that Fully Explains Why General MacArthur was Fired', *Smithsonian*, 2016, <http://www.smithsonianmag.com/history/redacted-testimony-fully-explains-why-general-macarthur-was-fired-180960622/> , Consultado: [28 de agosto de 2017]

[clxii] Ibid.

[clxiii] Ibid.

[clxiv] Cummins Bruce, *The Korean War: A History*, (New York: Random House: 2010), p.156

[clxv] Ibid. p.157

[clxvi] Ibid. p.31

[clxvii] Ibid.

[clxviii] Ibid.

[clxix] Firedman, Edward, 'Nuclear Blackmail and the End of the Korean War'. *Modern China*, 1, 1, (1975), p.78

[clxx] Ibid. p.79

[clxxi] Foot, Rosemary J., 'Nuclear Coercion and the Ending of the Korean Conflict', *International Security*, 13, 3, (1989), p.96

[clxxii] Firedman, Edward, 'Nuclear Blackmail and the End of the Korean War'. *Modern China*, 1, 1, (1975), p.78

[clxxiii] Foot, Rosemary J., 'Nuclear Coercion and the Ending of the Korean Conflict', *International Security*, 13, 3, (1989), p.96

[clxxiv] Cummins Bruce, *The Korean War: A History*, (New York: Random House: 2010), p.33

[clxxv] Foot, Rosemary J., 'Nuclear Coercion and the Ending of the Korean Conflict', *International Security*, 13, 3, (1989), p.92

[clxxvi] Ibid. p.100

[clxxvii] Firedman, Edward, 'Nuclear Blackmail and the End of the Korean War'. *Modern China*, 1, 1, (1975), p.79

[clxxviii] Foot, Rosemary J., 'Nuclear Coercion and the Ending of the Korean Conflict', *International Security*, 13, 3, (1989), p.96

[clxxix] Cummins Bruce, *The Korean War: A History*, (New York: Random House: 2010), p.31

[clxxx] Firedman, Edward, 'Nuclear Blackmail and the End of the Korean War'. *Modern China*, 1, 1, (1975), p.82

[clxxxi] Ibid. p.83

[clxxxii] Ibid.

[clxxxiii] Firedman, Edward, 'Nuclear Blackmail and the End of the Korean War'. *Modern China*, 1, 1, (1975), p.84

[clxxxiv] Ibid. p.88

[clxxxv] Cummins Bruce, *The Korean War: A History*, (New York: Random House: 2010), p.31

[clxxxvi] Ibid.

[clxxxvii] Ibid. p.34

[clxxxviii] Millet, Alan R., 'Introduction to the Korean War', *The Journal of Military History*, 65, 4, (2001), p.923

[clxxxix] Cummins Bruce, *The Korean War: A History*, (New York: Random House: 2010), p.31

[cxc] Millet, Alan R., 'Introduction to the Korean War', *The Journal of Military History*, 65, 4, (2001), p.923

[cxci] Pierpaoli Jr, Paul G., 'Beyond Collective Amnesia: A Korean War Retrospective', *International Social Science Review*, 76, 3-4, (2001), p.94

[cxcii] Ibid. p.95

[cxciii] Ibid. p.96

[cxciv] Ibid.

[cxcv] Ibid.

[cxcvi] Ibid. p.97

[cxcvii] Ibid.

[cxcviii] Ibid. p.99

[cxcix] Cummins Bruce, *The Korean War: A History*, (New York: Random House: 2010), p.231

[cc] Firedman, Edward, 'Nuclear Blackmail and the End of the Korean War'. *Modern China*, 1, 1, (1975), pp.76-77

[cci] Cummins Bruce, *The Korean War: A History*, (New York: Random House: 2010), p.35

[ccii] Millet, Alan R., 'Introduction to the Korean War', *The Journal of Military History*, 65, 4, (2001), p.924

[cciii] Yoon, Young-Kwan, 'South Korea in 1999: Overcoming Cold War Legacies', *Asian Survey*, 40,1, (2000), p.164

[cciv] Millet, Alan R., 'Introduction to the Korean War', *The Journal of Military History*, 65, 4, (2001), p.932

[ccv] Karnow, Stanley, *Vietnam: A History*, (Middlesex: Penguin, 1984), p.106

[ccvi] Logevall, Fredrik, *The Origins of the Vietnam War*, (New York: Routledge, 2013), p.8

[ccvii] Ibid. p.7

[ccviii] Karnow, Stanley, *Vietnam: A History*, (Middlesex: Penguin, 1984), p.113

[ccix] Ibid. p.115

[ccx] Ibid. p.113

[ccxi] Karnow, Stanley, *Vietnam: A History*, (Middlesex: Penguin, 1984), p.117

[ccxii] Ibid. p.114

[ccxiii] Logevall, Fredrik, *The Origins of the Vietnam War*, (New York: Routledge, 2013), p.8

[ccxiv] Ibid.

[ccxv] Ibid. p.114

[ccxvi] Ibid. p.109

[ccxvii] Ibid.

[ccxviii] Ibid. pp118-119

[ccxix] Ibid. p.122

[ccxx] Ibid.

[ccxxi] Ibid. p.123

[ccxxii] Ibid. p.124

[ccxxiii] Ibid. p.125

[ccxxiv] Logevall, Fredrik, *The Origins of the Vietnam War*, (New York: Routledge, 2013), p.12

[ccxxv] Tonnesson, Stein, 'The Longest Wars: Indochina 1945-76', *Journal of Peace Research*, 22, 1 (1985), p.10

[ccxxvi] Karnow, Stanley, *Vietnam: A History*, (Middlesex: Penguin, 1984), p.126

[ccxxvii] Ibid. p.127

[ccxxviii] Tonnesson, Stein, 'The Longest Wars: Indochina 1945-76', *Journal of Peace Research*, 22, 1 (1985), p.11

[ccxxix] Ibid.

[ccxxx] Ibid.

[ccxxxi] Karnow, Stanley, *Vietnam: A History*, (Middlesex: Penguin, 1984), p.146

[ccxxxii] Ibid.

[ccxxxiii] Ibid. p.147

[ccxxxiv] Ibid. p.149

[ccxxxv] Logevall, Fredrik, *The Origins of the Vietnam War*, (New York: Routledge, 2013), p.15

[ccxxxvi] Tonnesson, Stein, 'The Longest Wars: Indochina 1945-76', *Journal of Peace Research*, 22, 1 (1985), p.12

[ccxxxvii] Ibid.

[ccxxxviii] Logevall, Fredrik, *The Origins of the Vietnam War*, (New York: Routledge, 2013), p.15

[ccxxxix] Ibid.

[ccxl] Tonnesson, Stein, 'The Longest Wars: Indochina 1945-76', *Journal of Peace Research*, 22, 1 (1985), p.13

[ccxli] Ibid. p.16

[ccxlii] Ibid. p.13

[ccxliii] Ibid. p.14

[ccxliv] Ibid. p.14

[ccxlv] Fifield, Russel H., 'The Thirty Years War in Indochina: A Conceptual Framework', *Asian Survey*, 17, 9, (1977), p.861

[ccxlvi] Karnow, Stanley, *Vietnam: A History*, (Middlesex: Penguin, 1984), p.160

[ccxlvii] Fifield, Russel H., 'The Thirty Years War in Indochina: A Conceptual Framework', *Asian Survey*, 17, 9, (1977), p.861

[ccxlviii] Karnow, Stanley, *Vietnam: A History*, (Middlesex: Penguin, 1984), p.173

[ccxlix] Ibid. p.175

[ccl] Logevall, Fredrik, *The Origins of the Vietnam War*, (New York: Routledge, 2013), p.17

[ccli] Logevall, Fredrik, *The Origins of the Vietnam War*, (New York: Routledge, 2013), p.17

[cclii] Fifield, Russel H., 'The Thirty Years War in Indochina: A Conceptual Framework', *Asian Survey*, 17, 9, (1977), p.863

[ccliii] Karnow, Stanley, Vietnam: A History, (Middlesex: Penguin, 1984), p.190

[ccliv] Ibid. p.191

[cclv] Ibid. p.196

[cclvi] Ibid. p.197

[cclvii] Ibid. p.193

[cclviii] Tonnesson, Stein, 'The Longest Wars: Indochina 1945-76', *Journal of Peace Research*, 22, 1 (1985), p.25

[cclix] Ibid. p.26

[cclx] O'Connell, Chuck, 'Ideology as History: A Critical Commentary on Burns and Novick's "The Vietnam War"', *City Watch*, 25 Sep, 2017, Disponible en <http://www.citywatchla.com/index.php/important-reads-for-rss/14067-ideology-as-history-a-critical-commentary-on-burns-and-novick-s-the-vietnam-war>, [Accedido el 26 Sep 2017]

[cclxi] Tonnesson, Stein, 'The Longest Wars: Indochina 1945-76', *Journal of Peace Research*, 22, 1 (1985), p.26

[cclxii] Karnow, Stanley, Vietnam: A History, (Middlesex: Penguin, 1984), p.217

[cclxiii] Ibid. p.213

[cclxiv] Ibid. p.214

[cclxv] Jacobs, Seth, *America's Middle Man in Vietnam: Ngo Dinh Diem, Religion, Race and U.S Intervention in Southeast Asia, 1950-1957*, (Durham NC, Duke University Press, 2004), pp.12-13

[cclxvi] O'Connell, Chuck, 'Ideology as History: A Critical Commentary on Burns and Novick's "The Vietnam War"', *City Watch*, 25 Sep, 2017, Disponible en <http://www.citywatchla.com/index.php/important-reads-for-rss/14067-ideology-as-history-a-critical-commentary-on-burns-and-novick-s-the-vietnam-war>, [Accedido el 26 Sep 2017]

[cclxvii] O'Connell, Chuck, 'Ideology as History: A Critical Commentary on Burns and Novick's "The Vietnam War"', *City Watch*, 25 Sep, 2017, Disponible en <http://www.citywatchla.com/index.php/important-reads-for-rss/14067-ideology-as-history-a-critical-commentary-on-burns-and-novick-s-the-vietnam-war>, [Accedido el 26 Sep 2017]

[cclxviii] Ibid.

[cclxix] Ibid.

[cclxx] Ibid.

[cclxxi] Ibid.

[cclxxii] Ibid.

[cclxxiii] Karnow, Stanley, *Vietnam: A History*, (Middlesex: Penguin, 1984), p.222

[cclxxiv] Ibid. p.223

[cclxxv] Ibid.

[cclxxvi] Ibid.

[cclxxvii] Fisher, James T., 'The Second Catholic President: Ngo Dinh Diem, John F. Kennedy, and the Vietnam Lobby, 1954-1963', *U.S Catholic Historian*, 15, 3, (1997), p.19

[cclxxviii] Karnow, Stanley, *Vietnam: A History*, (Middlesex: Penguin, 1984), p.225

[cclxxix] Davies, Nick, 'Vietnam 40 Years On: How a Communist Victory Gave Way to Capitalist Corruption', The Guardian, 2015, Disponible en <https://www.theguardian.com/news/2015/apr/22/vietnam-40-years-on-how-communist-victory-gave-way-to-capitalist-corruption>, [Accedido el 1 Oct 2017]

[cclxxx] Karnow, Stanley, Vietnam: A History, (Middlesex: Penguin, 1984), p.225

[cclxxxi] Goscha, Christopher, 'The 30-Years War in Vietnam', The New York Times, 2017, Disponible en <https://www.nytimes.com/2017/02/07/opinion/the-30-years-war-in-vietnam.html>, [Accedido el 1 Oct 2017]

[cclxxxii] Ibid.

[cclxxxiii] Karnow, Stanley, *Vietnam: A History*, (Middlesex: Penguin, 1984), p.227

[cclxxxiv] Ibid. p.231

[cclxxxv] Ibid. pp.234-235

[cclxxxvi] Ibid. p.238

[cclxxxvii] Ibid. p.679

[cclxxxviii] Ibid. p.238

[cclxxxix] Ibid. p.233

[ccxc] Goscha, Christopher, 'The 30-Years War in Vietnam', *The New York Times*, 2017, Disponible en <https://www.nytimes.com/2017/02/07/opinion/the-30-years-war-in-vietnam.html>, [Accedido el 1 Oct 2017]

[ccxci] Ibid.

[ccxcii] Elliott, Mai, RAND in Southeast Asia, (USA: RAND Corporation: 2010), p.14

[ccxciii] Karnow, Stanley, Vietnam: A History, (Middlesex: Penguin, 1984), p.237

[ccxciv] Ibid. p,235

[ccxcv] Ibid. p.236

[ccxcvi] Mackay, Scott, 'Scott Mackay Commentary: What Would Have Happened in Vietnam Had Kennedy Lived', *Rhode Island Public Radio,* 2017, Disponible en < http://ripr.org/post/scott-mackay-commentary-what-would-have-happened-vietnam-had-kennedy-lived#stream/0>, [Accedido el 4 Oct 2017]

[ccxcvii] Karnow, Stanley, Vietnam: A History, (Middlesex: Penguin, 1984), p.247

[ccxcviii] Ibid. p.250

[ccxcix] Ibid. p.251

[ccc] Ibid. p.252

[ccci] Ibid. p.253

[cccii] Ibid.

[ccciii] Ibid. p.256

[ccciv] Ibid. p.257

[cccv] Mackay, Scott, 'Scott Mackay Commentary: What Would Have Happened in Vietnam Had Kennedy Lived', *Rhode Island Public Radio,* 2017, Disponible en < http://ripr.org/post/scott-mackay-commentary-what-would-have-happened-vietnam-had-kennedy-lived#stream/0>, [Accedido el 4 Oct 2017]

[cccvi] Bostdorff, Denise M., and Goldzwig, Steven R., 'Idealism and Pragmatism in American Foreign Policy Rhetoric: The Case of John F. Kennedy and Vietnam`, *Presidential Studies Quarterly*, 24, 3, (1994), p.519

[cccvii] Guan, Ang Chen, 'The Vietnam War, 1962-1964: The Vietnamese Communist Perspective', *Journal of Contemporary History*, 35, 4, (2000), p.604

[cccviii] Guan, Ang Chen, 'The Vietnam War, 1962-1964: The Vietnamese Communist Perspective', *Journal of Contemporary History*, 35, 4, (2000), p.606

[cccix] Karnow, Stanley, *Vietnam: A History*, (Middlesex: Penguin, 1984), p.259

[cccx] Karnow, Stanley, *Vietnam: A History*, (Middlesex: Penguin, 1984), p.260

[cccxi] Guan, Ang Chen, 'The Vietnam War, 1962-1964: The Vietnamese Communist Perspective', *Journal of Contemporary History*, 35, 4, (2000), p.607

[cccxii] Karnow, Stanley, *Vietnam: A History*, (Middlesex: Penguin, 1984), p.261

[cccxiii] Ibid.

[cccxiv] Ibid. p.262

[cccxv] Ibid.

[cccxvi] Guan, Ang Chen, 'The Vietnam War, 1962-1964: The Vietnamese Communist Perspective', *Journal of Contemporary History*, 35, 4, (2000), p.608

[cccxvii] Karnow, Stanley, *Vietnam: A History*, (Middlesex: Penguin, 1984), p.263

[cccxviii] Ibid. p.267

[cccxix] Ibid. p.268

[cccxx] Ibid. p.279

[cccxxi] Ibid. p.280

[cccxxii] Ibid. p.281

[cccxxiii] Ibid.

[cccxxiv] Stein, Jeff, 'Death of a President', *Newsweek*, 2013, Disponible en <http://www.newsweek.com/2013/10/18/death-president-243702.html>, [Accedido on 12 Oct 2017]

[cccxxv] Karnow, Stanley, *Vietnam: A History*, (Middlesex: Penguin, 1984), p.310

[cccxxvi] Oldweiler, Cory, 'New York Historical Society Examines the Vietnam War in New Exhibition', New York AM, (2017), Disponible en <http://www.amny.com/things-to-do/new-york-historical-society-examines-the-vietnam-war-in-new-exhibition-1.14361629>, [Accedido el 12 Oct 2017]

[cccxxvii] Guan, Ang Chen, 'The Vietnam War, 1962-1964: The Vietnamese Communist Perspective', *Journal of Contemporary History*, 35, 4, (2000), p.612

[cccxxviii] Peterson, Pat, 'The Truth About Tonkin', Naval History Magazine, 22, 1, (2008), Disponible en <https://www.usni.org/magazines/navalhistory/2008-02/truth-about-tonkin>, [Accedido el 15 Oct 2017]

[cccxxix] Ibid.

[cccxxx] Ibid.

[cccxxxi] Ibid.

[cccxxxii] Ibid.

[cccxxxiii] Stockdale, Jim and Sybil, *In Love and War*, (Annapolis: Naval Institute Press, 1990), p.25

[cccxxxiv] Peterson, Pat, 'The Truth About Tonkin', *Naval History Magazine*, 22, 1, (2008), Disponible en <https://www.usni.org/magazines/navalhistory/2008-02/truth-about-tonkin>, [Accedido el 15 Oct 2017]

[cccxxxv] Karnow, Stanley, *Vietnam: A History*, (Middlesex: Penguin, 1984), p.377

[cccxxxvi] Guan, Ang Chen, 'The Vietnam War, 1962-1964: The Vietnamese Communist Perspective', *Journal of Contemporary History*, 35, 4, (2000), p.617

[cccxxxvii] Guan, Ang Chen, 'The Vietnam War, 1962-1964: The Vietnamese Communist Perspective', *Journal of Contemporary History*, 35, 4, (2000), p.617

[cccxxxviii] Karnow, Stanley, Vietnam: A History, (Middlesex: Penguin, 1984), p.395

[cccxxxix] Drew, Col. Dennis M., *Rolling Thunder 1965: Anatomy of a Failure*, 1986, Disponible en <http://www.au.af.mil/au/awc/awcgate/readings/drew2.htm>, [Accedido el 17 Oct 2017]

[cccxl] Karnow, Stanley, *Vietnam: A History*, (Middlesex: Penguin, 1984), p.402

[cccxli] Ibid. P.409

[cccxlii] Kearns, Doris, *Lyndon Johnson and the American Dream*, (New York: Harper and Row Publishers, 1976), pp.264-265

[cccxliii] Karnow, Stanley, *Vietnam: A History*, (Middlesex: Penguin, 1984), p.409

[cccxliv] Drew, Col. Dennis M., *Rolling Thunder 1965: Anatomy of a Failure*, 1986, Disponible en <http://www.au.af.mil/au/awc/awcgate/readings/drew2.htm>, [Accedido el 17 Oct 2017]

[cccxlv] Littauer, Ralph and Uphoff, Norman, eds, *The Air War in Indochina*, (Boston: Beacon Press, 1972), p.37

[cccxlvi] Morrocco, John, *Thunder from Above*, (Boston: Boston Publishing Company, 1984), p.56

[cccxlvii] Drew, Col. Dennis M., *Rolling Thunder 1965: Anatomy of a Failure*, 1986, Disponible en <http://www.au.af.mil/au/awc/awcgate/readings/drew2.htm>, [Accedido el 17 Oct 2017]

[cccxlviii] Jian, Chen, 'China's Involvement in the Vietnam War, 1964-69', *The China Quarterly*, 142, (1995), p.372

[cccxlix] Karnow, Stanley, *Vietnam: A History*, (Middlesex: Penguin, 1984), p.402

[cccl] Ibid. p.415

[cccli] Perera, John-Henry, '52 years ago American combat troops landed in Vietnam for the first time', *Chron*, 2017, Disponible en < http://www.chron.com/news/nation-world/article/52-years-ago-American-combat-troops-landed-in-10986190.php>, [Accedido el 17 Oct 2017]

[ccclii] Karnow, Stanley, *Vietnam: A History*, (Middlesex: Penguin, 1984), p.419

[cccliii] Ibid. P.422

[cccliv] Asher, Glen, 'America's Rationale for Going to War with Vietnam', *Oye! Times*, 2017, Disponible en <http://www.oyetimes.com/views/columns/189586-americas-rationale-going-war-vietnam> , [Accedido el 19 Oct 2017]

[ccclv] Drew, Col. Dennis M., *Rolling Thunder 1965: Anatomy of a Failure*, 1986, Disponible en <http://www.au.af.mil/au/awc/awcgate/readings/drew2.htm>, [Accedido el 17 Oct 2017]

[ccclvi] Karnow, Stanley, *Vietnam: A History*, (Middlesex: Penguin, 1984), p.439

[ccclvii] Ibid. p.436

[ccclviii] Ibid. p.438

[ccclix] Warren, James A., 'How the Battle of La DrangValley Changed the Course of the Vietnam War', *The Daily Beast*, 2015, Disponible en <https://www.thedailybeast.com/how-the-battle-of-the-ia-drang-valley-changed-the-course-of-the-vietnam-war>, [Accedido el 19 Oct 2017]

[ccclx] Ibid.

[ccclxi] Ibid.

[ccclxii] Tracy, Jim, 'Vietnam Documentary a Compelling Look at War', *Times Union,* 2017, Disponible en <http://www.timesunion.com/opinion/article/Vietnam-documentary-a-compelling-look-at-war-12277513.php>, [Accedido el 19 Oct 2017]

[ccclxiii] Galloway, Joseph, 'IaDrang- The Battle that Convinced Ho Chi Minh he Could Win', *History Net*, 2010, Disponible en <http://www.historynet.com/ia-drang-where-battlefield-losses-convinced-ho-giap-and-mcnamara-the-u-s-could-never-win.htm>, [Accedido el 20 Oct 2017]

[ccclxiv] Ibid.

[ccclxv] Ibid.

[ccclxvi] Karnow, Stanley, *Vietnam: A History*, (Middlesex: Penguin, 1984), p.481

[ccclxvii] Drew, Col. Dennis M., *Rolling Thunder 1965: Anatomy of a Failure*, 1986, Disponible en <http://www.au.af.mil/au/awc/awcgate/readings/drew2.htm>, [Accedido el 17 Oct 2017]

[ccclxviii] Karnow, Stanley, *Vietnam: A History*, (Middlesex: Penguin, 1984), p.482-3

[ccclxix] Galloway, Joseph, 'IaDrang- The Battle that Convinced Ho Chi Minh he Could Win', *History Net*, 2010, Disponible en <http://www.historynet.com/ia-drang-where-battlefield-losses-convinced-ho-giap-and-mcnamara-the-u-s-could-never-win.htm>, [Accedido el 20 Oct 2017]

[ccclxx] Milam, Ron, 'The Era of Big Battles in Vietnam', *The New York Times*, 2017, Disponible en <https://www.nytimes.com/2017/01/10/opinion/1967-the-era-of-big-battles-in-vietnam.html>, [Accedido el 21 Oct 2017]

[ccclxxi] Karnow, Stanley, *Vietnam: A History*, (Middlesex: Penguin, 1984), p.503

[ccclxxii] Ibid. p.500

[ccclxxiii] Ibid. p.502

[ccclxxiv] Ibid. p.505

[ccclxxv] Steward Foley, Michael, 'The Moral Case for Draft Resistance', *The New York Times,* 2017, Disponible en <https://www.nytimes.com/2017/10/17/opinion/vietnam-draft-resistance.html>, [Accedido el 23 Oct 2017]

[ccclxxvi] Herring, George C., 'The Road to Tet', *The New York Times*, 2017, Disponible en <https://www.nytimes.com/2017/01/27/opinion/the-road-to-tet.html>[Accedido el 23 Oct 2017]

[ccclxxvii] Herring, George C., 'The Road to Tet', *The New York Times*, 2017, Disponible en <https://www.nytimes.com/2017/01/27/opinion/the-road-to-tet.html>[Accedido el 23 Oct 2017]

[ccclxxviii] Oberdorfer, Don, 'Tet: Who Won?', *Smithsonian Magazine,* 2004, Disponible en <https://www.smithsonianmag.com/history/tet-who-won-99179501/>, [Accedido el 23 Oct 2017]

[ccclxxix] Karnow, Stanley, *Vietnam: A History*, (Middlesex: Penguin, 1984), p.512

[ccclxxx] Oberdorfer, Don, 'Tet: Who Won?', *Smithsonian Magazine,* 2004, Disponible en <https://www.smithsonianmag.com/history/tet-who-won-99179501/>, [Accedido el 23 Oct 2017]

[ccclxxxi] Ibid.

[ccclxxxii] Karnow, Stanley, *Vietnam: A History*, (Middlesex: Penguin, 1984), p.544

[ccclxxxiii] Ibid. p.525

[ccclxxxiv] Oberdorfer, Don, 'Tet: Who Won?', *Smithsonian Magazine,* 2004, Disponible en <https://www.smithsonianmag.com/history/tet-who-won-99179501/>, [Accedido el 23 Oct 2017] [ccclxxxv] Oberdorfer, Don, 'Tet: Who Won?', *Smithsonian Magazine,* 2004, Disponible en <https://www.smithsonianmag.com/history/tet-who-won-99179501/>, [Accedido el 23 Oct 2017]

[ccclxxxvi] Karnow, Stanley, *Vietnam: A History*, (Middlesex: Penguin, 1984), p.534

[ccclxxxvii] Ibid. p.542

[ccclxxxviii] Atlas, Steve, 'The Tet Offensive Shocked the Nation and Permanently Changed US Attitudes Toward the Vietnam War', *PRI*, 2017, Disponible en <https://www.pri.org/stories/2017-10-11/tet-offensive-shocked-nation-and-permanently-changed-us-attitudes-toward-vietnam>, [Accedido el 25 Oct 2017]

[ccclxxxix] Karnow, Stanley, *Vietnam: A History*, (Middlesex: Penguin, 1984), p.535

[cccxc] Oberdorfer, Don, 'Tet: Who Won?', *Smithsonian Magazine,* 2004, Disponible en <https://www.smithsonianmag.com/history/tet-who-won-99179501/>, [Accedido el 23 Oct 2017]

[cccxci] Atlas, Steve, 'The Tet Offensive Shocked the Nation and Permanently Changed US Attitudes Toward the Vietnam War', *PRI*, 2017, Disponible en <https://www.pri.org/stories/2017-10-11/tet-offensive-shocked-nation-and-permanently-changed-us-attitudes-toward-vietnam>, [Accedido el 25 Oct 2017]

[cccxcii] Karnow, Stanley, *Vietnam: A History*, (Middlesex: Penguin, 1984), p.538

[cccxciii] Farrell, John A., 'Nixon's Vietnam Treachery', *The New York Times*, 2016, Disponible en <https://www.nytimes.com/2016/12/31/opinion/sunday/nixons-vietnam-treachery.html>, Accessed on [Accedido el 26 Oct 2017]

[cccxciv] Ibid.

[cccxcv] Ibid.

[cccxcvi] Schultz, Colin, 'Nixon Prolongued Vietnam War for Political Gain- And Johnson Knew About it, Newly Unclassified Tapes Suggest', *Smithsonian Magazine*, 2013, Disponible en <https://www.smithsonianmag.com/smart-news/nixon-prolonged-vietnam-war-for-political-gainand-johnson-knew-about-it-newly-unclassified-tapes-suggest-3595441/>, [Accedido el 26 Oct 2017]

[cccxcvii] Grandin, Greg, 'Henry Kissinger's Genocidal Legacy: Vietam, Cambodia and the Birth of American Militarism', *Salon*, 2015, Disponible en < https://www.salon.com/2015/11/10/henry_kissingers_genocidal_legacy_partner/>, [Accedido el 26 Oct 2017]

[cccxcviii] Ibid.

[cccxcix] Kimball, Jeffrey, 'The Nixon Doctrine: a Saga of Misunderstanding', *Presidential Studies Quarterly*, 36, 1, 2006, p.59

[cd] Ibid, p.60

[cdi] Karnow, Stanley, *Vietnam: A History*, (Middlesex: Penguin, 1984), p.582

[cdii] Ibid. p.593

[cdiii] Suri, Jeremi, 'Donald Trump and the Madman Playbook', *Wired*, 2017, Disponible en <https://www.wired.com/story/donald-trump-madman-strategy-north-korea-nuclear-weapons/>, [Accedido el 30 Oct 2017]

[cdiv] Karnow, Stanley, Vietnam: A History, (Middlesex: Penguin, 1984), p.595

[cdv] Ibid.

[cdvi] Ibid. p.597

[cdvii] Friedman, Ian C., 'The Great Silent Majority', *Words Matter*, 2010, Disponible en <http://www.iancfriedman.com/?p=1134>, [Accedido el 29 Oct 2017]

[cdviii] Karnow, Stanley, *Vietnam: A History*, (Middlesex: Penguin, 1984), p.599

[cdix] Friedman, Ian C., 'The Great Silent Majority', *Words Matter*, 2010, Disponible en <http://www.iancfriedman.com/?p=1134>, [Accedido el 29 Oct 2017]

[cdx] Editorial, 'My Lai Revisited: 47 Years Later, Seymour Hersh Travels to Vietnam Site of U.S. Massacre he Exposed', *Democracy Now*, 2015, Disponible en <https://www.democracynow.org/2015/3/25/my_lai_revisited_47_years_later>, [Accedido el 29 Oct 2017]

[cdxi] Hersh, Seymour M., 'The Scene of the Crime', *The New Yorker*, 2015, Disponible en <https://www.newyorker.com/magazine/2015/03/30/the-scene-of-the-crime>, [Accedido el 29 Oct 2017]

[cdxii] Ibid.

[cdxiii] Ibid.

[cdxiv] Ibid.

[cdxv] Fifield, Russel H., 'The Thirty Years War in Indochina: A Conceptual Framework'. *Asian Survey*, 17, 9, 1977, p.866

[cdxvi] Friedman, Ian C., 'The Great Silent Majority', *Words Matter*, 2010, Disponible en <http://www.iancfriedman.com/?p=1134>, [Accedido el 29 Oct 2017]

[cdxvii] Karnow, Stanley, *Vietnam: A History*, (Middlesex: Penguin, 1984), pp.623-24

[cdxviii] Ibid. p.624

[cdxix] Editorial, 'A Peace that Couldn't Last- Negotiating the Paris Accords on Vietnam', *Association for Diplomatic Studies and Training*, 2016, Disponible en <http://adst.org/2016/01/a-peace-that-couldnt-last-negotiating-the-paris-accords-on-vietnam/#.WfpnuWi0PIW>, [Accedido el 01 Nov 2017]

[cdxx] Karnow, Stanley, *Vietnam: A History*, (Middlesex: Penguin, 1984), pp.625

[cdxxi] Ibid. p.630

[cdxxii] Ibid.

[cdxxiii] Ibid. p.626

[cdxxiv] Hess, Gary R., 'The Unending Debate: Historians and the Vietnam War', *Diplomatic History*, 18, 2, 1994, p.240

[cdxxv] Karnow, Stanley, *Vietnam: A History*, (Middlesex: Penguin, 1984), pp.631

[cdxxvi] Editorial, 'Bad Blood: The Sino-Soviet Split and the U.S. Normalization with China', *Association for Diplomatic Studies and Training*, 2016, Disponible en <http://adst.org/2016/08/bad-blood-sino-soviet-split-u-s-normalization-china/#.Wfpgnmi0PIU>, [Accedido el 01 Nov 2017]

[cdxxvii] Ibid. p.638

[cdxxviii] Fifield, Russel H., 'The Thirty Years War in Indochina: A Conceptual Framework'. *Asian Survey*, 17, 9, 1977, p.868

[cdxxix] Editorial, 'A Peace that Couldn't Last- Negotiating the Paris Accords on Vietnam', *Association for Diplomatic Studies and Training*, 2016, Disponible en <http://adst.org/2016/01/a-peace-that-couldnt-last-negotiating-the-paris-accords-on-vietnam/#.WfpnuWi0PIW , [Accedido el 01 Nov 2017]

[cdxxx] Ibid.

[cdxxxi] Ibid.

[cdxxxii] Ibid.

[cdxxxiii] Ibid.

[cdxxxiv] Fifield, Russel H., 'The Thirty Years War in Indochina: A Conceptual Framework'. *Asian Survey*, 17, 9, 1977, p.869

[cdxxxv] Editorial, 'A Peace that Couldn't Last- Negotiating the Paris Accords on Vietnam', *Association for Diplomatic Studies and Training*, 2016, Disponible en <http://adst.org/2016/01/a-peace-that-couldnt-last-negotiating-the-paris-accords-on-vietnam/#.WfpnuWi0PIW>, [Accedido el 01 Nov 2017]

[cdxxxvi] Fifield, Russel H., 'The Thirty Years War in Indochina: A Conceptual Framework'. *Asian Survey*, 17, 9, 1977, p.865

[cdxxxvii] Karnow, Stanley, *Vietnam: A History*, (Middlesex: Penguin, 1984), pp.686

[cdxxxviii] Editorial, 'A Peace that Couldn't Last- Negotiating the Paris Accords on Vietnam', *Association for Diplomatic Studies and Training*, 2016, Disponible en <http://adst.org/2016/01/a-peace-that-couldnt-last-negotiating-the-paris-accords-on-vietnam/#.WfpnuWi0PIW>, [Accedido el 01 Nov 2017]

[cdxxxix] Ibid.

[cdxl] Karnow, Stanley, Vietnam: *A History*, (Middlesex: Penguin, 1984), pp.687

[cdxli] Fifield, Russel H., 'The Thirty Years War in Indochina: *A Conceptual Framework'*. Asian Survey, 17, 9, 1977, p.865

www.ingramcontent.com/pod-product-compliance
Lightning Source LLC
LaVergne TN
LVHW091008250826
846485LV00032B/428

* 9 7 8 1 9 5 0 9 2 2 4 4 4 *